영혼을 천도하라 그리고 기도하라

영혼을 천도하라 그리고 기도하라

찍은날 • 2001년 6월 15일
펴낸날 • 2001년 6월 20일

지은이 • 장다정
펴낸이 • 김규순

책임편집 • 이득행
마케팅담당 • 양봉숙

펴낸곳 • 도서출판 窓

등록번호 • 제15-454호
등록일자 • 2000년 3월 30일

(151-080) 서울특별시 관악구 남현동 1054-5 중앙빌딩
전화 • 3474-3521~3 / 팩시밀리 • 3474-3524
E-Mail • chang@changbooks.com

ISBN 89-7453-084-8 03290

영혼을 천도하라 그리고 기도하라

장다정 지음

窓

머리말

부귀와 영화를 누리며 살아도, 헐벗고 가난해도 덧없이 흐르는 세월에 늙고 잠시 꿈인 듯 머물다 빈손으로 가는 것이 우리네 인생이다. 부와 가난의 어느 편에 머물러 있든지 마음의 즐거움을 찾아 자비를 베풀며 얼마나 진실한 인간으로 살았느냐가 중요하다.

죽음 앞에 이르면 누구나 두려움이 밀려 오며, 그 위로 지난 날들이 스쳐 지나가 슬픔의 눈물을 흘리게 된다. 일생이 끝나고 인연을 나누었던 모든 이들과 이별해야 할 시간에 이른 것이기에 슬픔이 큰 것은 당연하리라.

사람들이 보편적으로 생각하기에는 인간이 죽으면 저승으로 가며 그 곳에서 다시 사람이나 동물로 윤회한다고 믿고 있다. 그리고 종교를 가진 사람이면 신을 믿고 선행을 쌓아 천당이나 극락에 들 수 있다거나 혹은 악행을 많이 하면 캄캄하고 어두운 지옥에 떨어지게 될 것이라 생각한다.

나 역시 어린시절 그저 막연한 생각에, 믿음만 가지고 있다면 신의 도움으로 훗날 죽어 좋은 곳으로 갈 수 있으리라고 생각했던 적이 있었다. 그러나 불교와 인연이 되어 승려가 되고 기도의 원력으로 영혼의 세계를 알게 되면서, 극락과 천당을 운운하기 전에 죽어서 저승에도 들지 못하고 구천을 떠돌며 전생의 한 때문에 인척의 몸에 접신되어 그 한을 풀어 보려는 영혼들이 수없이 많다는 것을 알게 되었다.

악행을 저지른 자들은 다른 영혼보다 더 오랜 시간 이승에 머물면서 자신의 애착이 풀릴 때까지 인척의 몸에 접신된 채 피해를 주며 그 악업의 싹이 인척에게 미치는 영향은 대단히 컸다.

이렇듯 영혼이 현생도 아니고 저승도 아닌 공간에서 떠도는 것을 보며 지옥이 따로 정해져 있는 것이 아니라 이 공간이 바로 지옥 세계가 아닌가라는 생각이 들었다.

선행과 선업으로 모두 저승에 들 수 있는 것은 아니다. 단지 선행을 하면 그 착한 마음씨로 내생에 환생하여 인간의 삶으로 이어진다는 뜻이며 선업을 쌓아 복을 지은 사람은 전생에 뿌린 씨앗을 내생에서 되돌려 받아 덕을 지니고 태어날 수 있다는 의미이다.

불교에서는 마음이 극락을 이루고 마음이 지옥을 만든다 했다. 부처님을 통한 깨달음의 자세를 마음 깊이 새겨두고 마음을 비우는 일에 몰두한다면 마음이 바로 극락이 될 수 있는 것이다.

지금도 수많은 수행자들이 부처를 이루기 위해 번뇌와 싸우며 고행을 몸소 체험해 가면서 깨달음을 얻기 위해 노력하고 있다. 이렇게 지혜를 터득하고 마음을 깨닫게 된 선

각자들은 자신의 평생 숙원인 얽매이지 않는 마음을 통해 극락에 이르게 된다고 할 것이다. 그들은 이처럼 도를 통해 이승에서의 미련을 쉽게 떨쳐버리고 편히 저승에 들 수 있는 것이다.

하지만 보편적으로 집착을 끊고 오직 깨달음에만 몰두하며 살아가기가 어디 쉬운 일이던가. 그렇기 때문에 영혼이 곧바로 저승으로 드는 것이 어려울 수밖에 없다.

영혼이 이승에서 머물다 가는 기간 또한 생전에 형성한 마음과 행동, 습관을 통해 그 길고 짧음이 결정된다고 볼 수 있다. 생전에 잘못된 행동과 잘못된 습관을 가지고 있었던 영혼이라면 이승을 떠도는 기간이 더 길어진다고 볼 수 있다.

수많은 세월을 영혼으로 이승에 머물며 윤회의 길마저 멀어지게 하지 않으려면 다시 한번 자신이 살아온 인생을 돌아보며 표면상의 즐거움을 쫓기보다는 마음의 길을 닦는 일에 소홀히 하면 안 된다. 그 마음의 길이 지표가 되어 인생이 한층 더 기름져 내생으로 이어질 수 있도록 지금부터라도 삶의 지혜를 얻고자 하는 노력이 중요하리라.

차　례

1부

만행 – 영혼을 만나다

만행

구도자의 길로 들어선 스님들의 젊은 시절은 많은 날들
이 끝없는 만행으로 채워진다. 1977년 가을, 내 나이 스물
아홉이 되던 해였다. 우연한 기회로 서울 안국동의 조계사
에 들르게 되었을 때, 그곳에서 뜻밖의 낯익은 얼굴들을 만
났다. 그들은 옛 도반이던 법륜 스님과 해운 스님이었다.
우리는 우연한 만남에 놀랍고 반갑게 재회의 기쁨을 나누
었다. 그 날 밤 우리는 수행 중에 얻었던 소중한 체험들로
이야기꽃을 피우며 시간가는 것마저 잊었다. 이런저런 이
야기 끝에 함께 길을 떠나면 어떻겠느냐라는 누군가의 제
안에 그 다음날 우리는 동행 길에 오르게 되었다.

전국 각지의 명산 대찰을 돌아보며 마음속 화두를 깨우
치려 부단히도 애를 쓰던 시간들이었다. 몇 날 며칠 길을
걷다 노자가 떨어지면 근처 큰절에 가서 약간의 노자 돈을
얻어 다시 수행 길에 올랐고, 배가 고프면 암자에 찾아가서
공양을 하였다. 산길을 오를 때에는 암자에서 싸 보낸 온

주먹밥으로 시장 끼를 면하곤 했다.

　이곳 저곳 발길을 옮겨 다닌 후 겨울과 봄이 지나고 여름이었다.

　우리는 강원도 오대산에 자리잡은 월정사로 가던 길이었다. 햇볕이 유난히도 뜨거웠던 탓에 온몸은 땀에 흠뻑 젖어 있었다. 우리는 더위도 식힐 겸 쉬어가기로 했다. 어깨의 짐을 벗고 지친 몸으로 나무 그늘 아래 털썩 주저앉으니 조금 떨어진 곳에 흐르는 계곡이 보였다.

　"스님들, 온몸에서 땀 냄새가 진동하니 우리 저 계곡에서 간단히 목간이라도 하는 게 어떻습니까? 이 첩첩산중에 어디 인적인들 있겠습니까?"

　법륜 스님의 말에 우리는 누가 먼저랄 것도 없이 물 속으로 풍덩 들어갔다. 머리 속까지 서늘해져 오며 기분이 상쾌해졌다. 흠뻑 젖어버린 속옷까지 깨끗이 헹궈 바위 위에다 널어 놓고 시원한 나무그늘 아래서 잠시나마 단잠을 청했다. 한참 잠에 빠져있는데 가까운 곳에서 인기척이 들려왔다. 그 소리에 놀라 모두 잠에서 깨어났다. 정신을 차리고 보니 월정사의 큰스님인 듯한 분이 걸어오고 계셨다. 우리는 어쩔 줄 몰라 급히 채 마르지 않은 속옷을 움켜쥐고 숲 속으로 들어가 재빨리 입었다.

　이윽고 큰스님께서 우리 앞으로 오셨다. 우리는 스님 앞에 정중하게 큰절을 올리고 나서 무릎을 꿇고 앉았다. 큰스님께서는 우리 세 사람을 따스한 눈빛으로 바라보며 기품이 있는 목소리로 말씀하셨다.

　"수자들이여. 이 삼복 더위에 얼마나 어려움이 많은지

너무나 잘 알고 있네. 허나 중은 중 냄새가 나야하는 것이야. 땀 냄새 발 냄새가 중요한 것이 아니라, 중 냄새를 풍길 줄 아는 것 그것이 진정한 수행자의 마음가짐이어야 한다네."

그 말씀 한마디를 남기고 큰스님은 사라지셨다. 우리는 스님의 뒷모습을 한참동안이나 바라보았다. 가슴속에는 스님이 남기고 가신 말들이 파문처럼 퍼져가고 있었다. 잠시나마 더위에 휩쓸려 한없이 풀어지려 했던 우리들에게 작은 깨달음을 심어준 스님의 한마디가 다시 우리 모두를 채찍질 해 주었다. 정처 없는 만행이 인고의 과정인 만큼 허송세월을 보내지 않도록 외관에 흔들리지 말며, 마음으로부터 정진하기를 바라는 스님의 깊은 뜻을 다시 한번 되새기며 우리는 떠날 채비를 서둘렀다. 면구스런 마음에 월정사까지 오르지 못했지만 우리는 작은 깨달음을 안고 벅찬 가슴으로 산을 내려왔다.

서울에 도착한 우리는 이번 산행을 마지막으로 다시 각자의 길을 찾아서 뿔뿔이 흩어졌다. 훗날을 기약하며 합장을 하는 우리 모두의 눈 속엔 아쉬움이 배어 있었다. 정들었던 도반들과의 아쉬운 이별 속에서도 나는 중은 중 냄새가 나야한다던 큰스님의 말씀을 마음속으로 여러 번 되뇌어 보았다.

1. 기도

홀로 만행을 거듭하면서 전국 각지를 돌며 옛 도반이나

사형 스님들을 만나 잠시 암자에 머무르기도 하는 동안 십
년 가까운 세월이 흘러가고 있었다.

　과연 나는 지금까지 무엇을 얻고 무엇을 깨우쳤는가? 시
간이 흘러갈수록 마음속에는 번뇌만 늘어가고 있었다. 짧
기만 한 인생 길에 자아를 찾는다는 것이 얼마나 어렵고 풀
기 힘든 숙제인가? 마음이라는 놈은 아무리 붙잡아 놓아도
돌아 보면 언제나 저만치 달아나 있었다.

　이처럼 몸과 마음이 서로 다른 춤을 추고 있으니 정신과
육체가 함께 나아갈 바는 도대체 무엇이란 말인가? 가자.
어디론가 가서 몸과 마음을 한 곳에 정착시켜 보자. 나는
마음속의 번뇌를 몰아내려는 굳은 다짐을 하고 길을 나섰
다.

　어느새 발길은 나의 사형이신 금수 스님이 계신 도봉산
천진사로 향하고 있었다. 절문 앞에 다다르자 인기척 소리
를 들은 듯 누군가가 방문을 열며 나왔다. 금수 스님의 반
가운 얼굴이었다. 스님 역시 나를 보자 반가운 나머지 얼굴
가득 미소를 지으셨다.

　우리는 찻잔을 사이에 두고 그 동안에 쌓였던 얘기들을
나누었다. 나는 몇 해 전 오대산 계곡에서 있었던 월정사
큰스님과의 인상깊었던 만남을 스님께 얘기했다. 내 얘기
를 귀기울여 들으시던 금수 스님께서 진지한 얼굴로 말씀
하셨다.

　"이 사람아. 중은 중 냄새가 나야 한다는 큰스님의 말씀
이 그저 평범한 이야기 같지만 그 속에는 여러 가지가 내포
되어 있다네. 수행자들을 채찍질하는 충고의 말씀도 되겠

지만, 반면에 오히려 만행의 길을 넘어서서 가까이 부처님을 모셔보라는 의미도 담고 있을 것이야."

"스님 ,그럼 저는 어떻게 해야 할까요?"

"자네가 부처를 찾으려 하지 말고, 부처님이 자네를 찾을 수 있도록 하게나."

그 후로 며칠 간을 천진사에 머물며 나는 금수 스님의 서재에서 책에 빠져 지냈다. 그러던 중 우연히 한 권의 책을 보게 되었다. 그것은 불교의 영험록에 관한 책이었는데, 그 책에는 옛 스님들이 기도하여 신통력을 얻게 된 후 사람의 운명을 알아 볼 수 있는 혜안이 생기게 되었다는 이야기와 인간 세상과는 다른 4차원 세계의 존재에 대한 내용들이 있었는데 그 내용은 내게 아주 흥미로웠다. 나는 그 책을 본 후 그 내용들에 관심을 갖기 시작했으며, 관심을 넘어 내가 직접 체험해 보고 싶다는 강한 충동이 일었다. '나도 그들처럼 기도한다면 그러한 신통력을 얻을 수 있을까, 4차원의 세계를 볼 수 있을까' 라는 의문으로 마음은 점점 고조되어 가고 있었다. 책의 내용에서처럼 스님들이 기도를 통해 4차원의 세계 등을 경험하고 거기에서 얻은 것들을 중생들에게 깨우쳐 주며 길 잃은 영혼들을 인도하여 주는 일을 매우 가치 있게 느꼈다.

'나는 지금껏 과연 중생들을 위해 무엇을 베풀어 왔던가? 걸망하나 매고 동서남북을 떠돌아다니며 무엇을 찾아 헤매었던가? 세존께서도 수 겁을 거쳐 부처를 이루었듯이 생과 생을 이어나가며 마음의 도를 이루리라.'

내 번뇌에 휩싸여 괴로워하기보다는 열심히 기도에 정진

하며 무언가 혜안이 비춰질 수 있다면 그것이 중생들을 위
하는 길이기도 하거니와 선업을 쌓아 가는 일이 되지 않겠
는가 하는 생각에까지 미쳤다.

　나는 생각 끝에 결정을 내렸다. 그리고 스님께 내 결심
을 말씀드렸다.

　"스님, 여기 천진사에서 백일 정진을 하겠습니다."

　"드디어 마음을 정했군. 하지만 이 곳은 기도하기엔 그
리 적당한 장소가 아니라네."

　"어째서 그렇습니까?"

　"5,60십 년대만 해도 배고픈 시절이라 산에 등산 다닐
여유가 어디 있었겠? 그러나 나라가 조금씩 부강해지고 건
강이나 휴식에 관심이 많아진 요즈음엔 등산객들이 줄을
잇는다네. 자네도 보지 않았는가? 주말이면 끊임없이 몰려
드는 인파를…."

　"그것이 기도하는 데 무슨 연관이 있습니까?"

　"그저 단순히 마음을 닦기 위해 하루에 몇 번 드리는 기
도라면 주위를 의식할 필요까진 없겠지만, 백일을 놓고 어
떠한 신통을 얻기 위해 정진해야 하는 기도는 사람을 기피
한 채 어떤 것에도 때묻지 않아야 한다네. 그런 이유로 법
당에서도 가급적 기도를 피하게 돼 있지."

　"그건 또 왜 그런가요?"

　"법당 안은 여러 가지 색채들이 화려하지 않은가. 색채
들을 바라보고 있으면 이리저리 눈이 어지러워져 마음이
흔들릴 수 있지. 그렇게 되면 자연히 마음을 모으기가 힘들
어질 수밖에 없질 않겠나? 그리고 첫 입재날이나 회양날에

18

는 법당 안의 부처님과 신장단, 지장단에 반드시 예를 올려야 한다네.

여기를 떠나거든 산 속 깊이 사람의 발길이 끊긴 곳에다 기도 터를 잡도록 하게. 산 속에서 움막을 지어 지내던가 빈 암자를 찾아가는 게 좋겠네. 움막 속에서는 향만 피운 채 기도를 해야하고 빈 암자의 절 방에서 기도를 하게 될 경우엔 방 전체를 창호지로 바르고 방 앞면에 '나무지장보살'이란 명호를 써 붙이도록 하게. 그리고 향로에 향을 피워 놓고 천 염주를 돌려 천 번이 돌아갈 때마다 바를 정자를 써 표시해가며 하루에 이만 독에 주력하게. 살을 깎는 고통이 따르는 힘든 기도이니 만큼 건강에 주의하게나."

"스님 말씀을 받들어 그대로 실천하겠습니다."

그 날밤 나는 잠을 이루지 못했다. 스님이 내게 가르쳐 준 기도 수칙을 하나하나 더듬어 가다, 거처를 어디로 정하느냐 하는 첫 번째 난관에 부딪히게 되었다. 산 속 깊은 곳을 찾아 떠나야 하나 아니면 어디 빈 사찰을 찾아 헤매야 하는 것인가?

망설임 끝에 일단 날이 밝으면 옛 도반이 기거하는 강원도 원주로 떠날 작정을 하였다. 다음날, 아침 공양을 마치고 나서 스님께 떠나겠노라 말씀드리니 스님께서는 당부 말씀을 아끼지 않으셨다.

"다정 스님, 기도란 나이가 들수록 기가 약해서 성취하기가 힘들어지는 법일세. 지금 자네 나이 삼십대 후반이니 아직은 기력이 괜찮을 때야. 마가 닥쳐오더라도 기로써 물리칠 수 있을 걸세. 첫 기도에 실패하면 다시 이루기 힘들

다는 걸 명심하고 어렵고 힘든 길이지만 자신을 위해서가
아닌 만인을 위하는 마음으로 기도하게나. 그럼 반드시 성
취할 수 있을 것이야."

"명심하겠습니다. 스님."

스님의 아낌없는 격려와 충고를 뒤로 하며 나는 원주를
향해 발걸음을 옮겼다.

버스에서 내려 산길을 오르는 동안 "나는 과연 이룰 수
있을까? 해 낼 수 있을까?"라는 질문을 스스로에게 했다.
기필코 이룰 수 있으리라는 굳은 결의로 의문으로 가득 찬
가슴을 조용히 잠재웠다. 하봉암으로 가기 위해 산길을 오
르던 나는 산내음에 취해 문득 어머니 생각이 간절해졌다.
그리고 어린 시절 어머니께서 들려 주셨던 나의 태몽에 관
한 이야기가 떠올랐다.

"너를 가졌을 때 꿈을 꾸었는데, 깊은 산 속에 큰 절이
하나 있고 그 옆에 조그마한 텃밭이 있었단다. 그 텃밭에는
빨갛게 고추가 익어가고 있었다. 내가 그 빨간 고추를 따서
한 광주리 가득 담아 행복해 하며 집으로 돌아오는 꿈이었
지."

지금 생각하면 마치 내가 승려가 된 것은 태몽에서 이미
운명지어져 있었던 것처럼 생각되기도 하였다. 나는 종종
그 꿈에 젖어 어린 시절을 떠올리기도 했다. 열 살도 채 되
지 않았던 어린 시절, 나는 어머니를 따라서 가끔 절에 갔
었다. 어머니와 함께 찾았던 절에서 내 집과도 같은 포근함
과 안식을 느꼈으며 스님들을 대할 때마다 가까이 다가가
고픈 마음이 들었다. 절을 내려와 집으로 향하는 길에는 뜻

모를 상념에 젖기도 하였다. 그렇게 유년기를 훌쩍 넘기고 이십대로 접어든 후 나는 사람들이 누리고 싶어하는 화려한 삶이나 물질적 풍요가 그저 부질없어 보이며 그러한 사회와는 상관없이 아무도 없는 어딘 가로 마냥 떠나가고 싶다는 생각에 빠져, 외로움과 고독을 벗삼으며 자아가 깊어져가고 있었다. 그런 시기에 건강이 많이 나빠져 나는 절에서 수양 생활을 하게 되었고 그 절의 스님의 권유로 구도자의 길을 걷게 되었다. 나는 이 길로 들어선 후 이 길이 내가 가야할 길이었음을 더욱 절실히 느낄 수 있었다. 불가의 법을 비켜나가 살 수도 있었을 것이라고 생각하면 지금의 내가 아주 다행스럽다.

전생에도 스님이었기에 이렇게 다시 부처님의 법과 만나게 되지 않았나 하는 생각을 하며 나는 기도로 뜻을 이루어내리란 마음을 다시 한번 다지며 걸어갔다. 그렇게 생각에 잠겨 걷다보니 어느덧 산 너머 하봉암이 보이기 시작했다.

미리 연락을 취해 두었던 터라 나의 도반인 성화 스님이 나를 기다리고 있었다. 속가의 죽마고우처럼 승려 생활 중에 누구보다 가까웠던 성화 스님을 만난 지도 어언 오 년이 지났다. 나는 지금까지의 우여곡절이며 힘든 만행 중에 얻은 깨달음, 천진사 금수 스님이 알려 주신 기도에 관한 이야기를 시간가는 줄도 모르고 아주 자세히 했다. 내 이야기를 듣고 난 성화 스님이 말했다.

"다정 스님, 각오가 대단하시구려. 여기까지 오셨으니 스님이 조용히 기도할 수 있도록 좋은 장소를 마련해 드려야지. 그러나 무작정 산 속으로 들어가는 것보다 빈 암자로 가는 게 어떻겠소?

"어디 비어 있는 암자라도 있습니까?"

"스님, 실은 요즘 내가 아랫동네 어느 처사의 권유로 조그맣게 양봉을 하고 있소. 그저 이것도 공부이거니 싶어 시작했는데 제법 재미가 있다오."

"이곳엔 벌이 보이지 않는 듯한데 어디에서 하시오?"

"여기서 20킬로 떨어진 곳에 벌통이 있소. 벌들을 따라 이리저리 옮겨다니다 보니 그 곳 산 위쪽에서 빈 사찰인 듯한 곳을 보았소. 지금 가보는 게 어떻겠소?"

성화 스님의 말에 마치 부처님께서 나를 이곳으로 인도해 주신 것은 아닌가 하는 생각에 어쩐지 마음이 뿌듯해져서 어서 빨리 가 보자며 성화 스님을 재촉하였다.

우리는 버스를 타고 외진 산 입구에 내렸다. 산에는 온통 아카시아 꽃이 만발해 있었다. 여러 가지 풀꽃들도 제각기 그 자태를 뽐내고 있었다. 계곡을 흘러내리는 냇물은 어찌나 청정한지 자그마한 고기 떼의 움직임도 선명하게 비쳐 났다. 무아의 경지에서 노닐며 윤회를 기다리고 있는 듯 평화로운 풍경이었다. 새들 또한 억겁을 노래하듯 천상의 맑은 목소리를 내며 내 귓가에서 맴돌았다. 구비 구비 산길을 따라 오르니 정상 가까이 자그마한 절이 한 채 자리하고 있었다. 성화 스님과 함께 빈 암자의 도량을 이곳저곳 살피고 나서 법당에 참배하였다. 참배가 끝나자 성화 스님이 나에게 말했다.

"사람이 살지 않아서 누추하고 허름한 암자이지만, 조용한데다 인적도 드문 곳이니 기도하기에는 최적의 조건 아니오?"

"정말 그렇군요. 스님 덕택에 이곳이 나와 인연이 되었소. 정말 고맙소."

"별 말씀을. 용기를 가지고 백일기도를 꼭 이곳에서 이루시오."

기도에 필요한 여러 가지 준비를 하러 나는 다시 하봉암으로 돌아왔다. 돌아온 즉시 장에 나가 다섯 가지의 곡식으로 생식을 위한 미숫가루를 만들고, 부처님께 공양 올리는 데 쓰일 과일 몇 가지를 사 가지고 하봉암으로 돌아와 그곳에서 하룻밤을 지냈다. 그리고 다음날 준비해 둔 짐을 챙겨 나의 기도터가 될 인적 없는 산중으로 향했다.

오래 비워둔 사찰이라 여기저기 손봐야 할 곳이 한 두 군데가 아니었다. 어느 정도 도량 청소를 끝내 놓고 불공드릴 준비를 시작하였다. 준비해온 과일들과 미공양을 부처님 전에 그리고 신장단, 지장단 앞에 올려놓고 백일기도를 알리는 불공을 올렸다.

"부처님, 드디어 기도에 입재하오니 무사히 백일을 넘길 수 있도록 도와주소서."

나는 불공을 드리는 내내 마음속으로 간절히 외치고 있었다. 법당에서 불공을 끝내고 내가 기도하게 될 방으로 돌아와서 금수 스님이 가르쳐 주신대로 방 전체에 하얀 창호지를 발랐다. 그리고 벽면이 마를 동안 산에서 땔감을 구해와 아궁이에 불을 지폈다. 몇 시간이 지나니 축축했던 창호지는 벽면에 완전히 달라붙었다. 드디어 방안은 온통 하얀색으로 덮이었다. 그 하얀 벽면의 정 방향에다 나무지장보살이라는 글씨를 써서 붙였다. 사방에 무늬 하나 없고 그저 나무지장보살이라는 글씨만 덩그러니 남았다.

어느새 하루해는 다 가고, 천 염주와 작은 향로 하나를 옆에다 놓고 잠을 청하려 누웠다. 심한 바람에 삐그덕거리는 문소리와 산짐승들의 울음소리에 나는 자주 뒤척거려야만 했다. 을씨년스런 마음에 온몸에는 소름이 돋기도 했다. 두 손을 꽉 붙잡고 뜨거운 방바닥에 누워 나약한 마음을 없애려고 정신을 한곳으로 모았다.

"나무지장보살… 나무지장보살…"

나도 모르는 새 잠에 빠져들기 시작했다. 깊은 잠이 들었을까 꿈결인 듯 하얀 백발 노인이 앞에 나타났다. 노인은 곧은 자세로 자신에 찬 얼굴을 하고 있었다. 그리고 나를 향해 말했다.

"나를 버리지 않고는 이룰 수 없다. 너 자신을 버려야만 네가 품은 큰 뜻을 성취할 수 있느니라. 네가 기거하고 있는 이 곳은 선신들이 많으니 너를 옆에서 지켜보며 너의 기도에 도움을 줄 것이다."

그 말을 남긴 채 노인의 모습은 온데 간데 없이 사라져 버렸다. 정신을 차려 보니 꿈이었다. 나는 자리에서 일어나 꿈속에 나타난 백발 노인을 생각했다.

'도대체 그 백발 노인은 누구란 말인가? 누구이기에 나에게 가르침을 주고 사라지셨을까?'

곰곰히 생각하니 그분이야말로 이 산을 떠도는 선신이 아닐까하는 생각이 들었다. 이 산을 돌아보던 중 깊은 산중에서 기도에 입재하는 나를 보고 혹시 마음이 약해질까봐 힘이 되어 주기 위해 내 꿈에 나타나신 것이 아닐까?

그 꿈을 꾸고 나서인지 움츠려들었던 마음이 차츰 평온
해지며 나는 편안한 기분으로 일어나 계곡으로 나갔다. 음
력4월이라 해도 계곡 물은 아직 손이 시릴 만큼 차가웠다.
차가운 물에 온몸을 씻은 후 법당에 간단히 참배하고 본격
적으로 기도에 입문하였다. 장시간 기도하게 됨에 따라 촛
불은 켜지 않고 향만 피워서 지장보살의 명호가 써 있는 앞
에 놓았다.

"개경개 무상심심 미묘법 백천만겁 난조우

아금문견 득수지 원해여대 진시래

개법장진언 옴아라남 아라다 옴아라남

오아라다 옴아라남 오아라다

나무지장보살 나무지장보살 나무지장보살 지장보살…

원성취진 진언 옴아보까 살바다라사바

사바야 시베흠…

중생들에게 이로움을 줄 수 있는 지혜와 영력을 나에게
주옵소서."

지장보살의 명호를 부르며 천 염주는 하염없이 돌아가고
있었다. 만 독을 돌릴 때마다 뭔가 한 꺼풀 덮쳐오는 것처
럼 눈이 답답해졌다. 조금만 지나면 괜찮아지겠지 생각했
지만 기도를 하는 동안 내내 눈에 안질이라도 있는 것처럼
눈앞이 침침했다. 하루에 이만 독을 돌리는데는 상당히 많
은 시간이 필요했다. 그러나 기도에 몰입하는 순간에는 시
간이란 존재를 잊었다. 하루 이틀 날이 갈수록 흠칫흠칫 놀
라곤 했던 깊은 밤의 세찬 바람소리나 소름 끼치는 짐승의

울부짖음이 더 이상 두렵지 않았다.

기도가 7일째로 접어들던 날, 어둠이 짙게 깔린 밤이었다. 나도 모르는 새 기도에 빠져들어 스르르 눈을 감았는데, 마치 인간 세상이 아닌 듯한 어디에서도 체험해 보지 못한 세상이 눈앞에 나타났다. 최면에 빠진 것처럼 나른해지며 나는 방 한가운데에 그대로 쓰러져 버렸다. 곧이어 실체를 알 수 없는 세상이 눈앞에 펼쳐지고 있었다.

제일 처음 나타난 것은 인간 세상에선 볼 수 없는 거대한 철산의 모습이었다. 그 산에는 나무 한 그루, 풀 한 포기조차 보이지 않았다. 강한 철로 이루어져 있어 매우 굳건하고 단단해 보였다. 그 산의 절벽 위에는 칸칸이 철창으로 막힌 수없이 많은 방들이 있었다. 그것은 마치 인간 세상의 감방을 연상케 하였는데, 거기엔 꼭 감방에 갇힌듯한 사람의 모습들이 우글우글 있었다. 너덜너덜 다 헤진 옷을 입은 사람의 모습들이 나에게 구원의 손길을 바라며 간절히 애원하고 있었다. 갇혀 있는 이들 모두는 환자가 진통을 호소하듯 울부짖으며 아픔을 토로하고 있었다. 그 모습이 너무도 측은하여 나는 계속해서 지장보살의 명호를 불렀다.

"지장 보살님, 이들의 고통을 덜어주시고, 지상의 감옥과도 같은 이 곳에서 그들을 구원하여 주소서."

마음속으로 이렇게 외치며 계속해서 명호를 부르자, 어디선가 맑은 음성이 들려오기 시작했다.

"수자여, 아픔을 호소하는 이들의 모습을 잘 보았는가? 수자가 이들을 위해 할 수 있는 일은 단 하나, 열심히 기도에 정진하여 허공에 떠 있는 망자들을 재도해야 하는 것임을 명심하게."

　점차 멀어져 가는 목소리를 뒤로 하며 나는 꿈에서 깨어났다. 대단히 생생하기만 했던 광경에 나는 잠시 생각에 빠졌다. 단단한 철로 이루어진 듯한 굳건한 산과 그 산의 절벽 위에 빽빽하게 들어선 채 철창으로 격리되어 있던 방들, 그리고 아픔을 호소하며 애처롭게 신음하던 그 사람의 형체들은 과연 무엇이란 말인가. 마지막으로 선명하게 울려 퍼지던 자비로운 음성…. 마음속에 의문투성이가 하나 가득 채워졌다.

　꿈에서 깨어난 나는 아침부터 다시 기도에 정진하였다. 그리고 잠시 아침 공양을 위해 밖으로 나왔을 때, 하늘 위로 알 수 없는 광경들이 펼쳐지고 있는 것을 볼 수 있었다. 하늘 위에 마치 산더미와도 같은 형태의 하얀 물체가 떠다니고 있는 것이 아닌가. 또 다른 방향을 바라보아도 그와 똑같은 형태의 물체가 수도 없이 많았다. 처음에는 물체가 둥둥 떠 있는 것만 같더니 서서히 움직이기 시작했다. 나는 헛것을 본 것이 아닌가 눈을 의심했지만, 계속해서 지켜보아도 사라지지 않은 채 그대로 있었다. 공양을 마치고 기도를 위해 다시 방으로 들어갔지만, 아까 보았던 형체에 대한 궁금증은 사라지지 않았다. 나는 다시 밖으로 나와 하늘을 바라보았다. 이제는 그 물체들이 더욱 더 선명해지며 조금씩 땅으로 내려오고 있었다.

　며칠이 지나자 나는 그 하얀 물체들이 시시각각 변한다는 것을 알았다. 그것은 때론 사람으로 변하고 동물이나 미물로 변하기도 하였는데, 하루하루 기도하는 날이 많아질

수록 내게 가까이 다가오는 것을 알았다.

이러한 형체들은 마침내 내가 기도하는 방안까지 들어와 있었으며, 급기야 내가 움직이는 곳마다 따라다니며 나를 위협하기 시작했다. 칼을 든 남자로 둔갑하여 칼로 나를 위협하다가 어여쁜 여자로 둔갑하여 벌거벗은 몸짓과 헤픈 웃음으로 내 눈을 어지럽혔으며, 사자와 호랑이로 바뀌어 나를 잡아먹을 듯 사납게 달려들기도 했다. 목욕하기 위해 냇가에 가면 커다란 구렁이로 변신하여 독을 뿜어내듯 혀를 내두르며 앉아 있고, 심지어 밥그릇 속에서조차 작은 뱀이 날카로운 눈으로 나를 올려다 보고 있었다.

이렇듯 수많은 위협때문에 하루하루가 몸서리 쳐질 만큼 끔찍한데, 기도하는 날들이 늘어갈수록 눈은 깜박이지도 못할 만큼 침침해졌다. 이러한 온갖 어려움 속에서 기도에 매달린 지 보름이 넘어설 때쯤, 나는 생각했다. '이 형체들이 바로 나의 기도를 해치는 마군들이구나.'

나는 비로소 그것을 깨닫고 기도하는 내내 '나는 죽고 없으니 해 볼 테면 해 봐라!' 라고 마군을 향해 미친 듯이 소리를 질러댔다. 그런데 나도 모르는 새 기가 쇠약해졌는지 점점 정신이 혼미해지고 있음을 느꼈다. 시간이 흐르는 만큼 집중력도 떨어지고 그로 인해 자신감마저 잃어가고 있었다. 그럴 때마다 첫 기도에 실패하면 두 번 다시 이루기 힘들다던 금수 스님의 말씀이 떠오르곤 했다.

뒤를 이어 나를 위해 조언을 아끼지 않았던 스님들의 얼굴이 하나 둘씩 떠올랐다. 꿈결에 만났던 백발 노인의 음성, 철로 이루어진 듯한 산에서 보았던 망자들의 울부짖는 모습 등.

이런 모습들을 떠올리며 나는 다시 기도에 몰두하려고 마음을 다져 먹었지만, 내 몸까지 건드리며 다가오는 두려움의 대상에 육체와 정신 모두가 피폐해져 가는 것만 같았다. 이 생각 저 생각에 어지러워 마음은 한없이 가라앉았다.

나는 더 이상 견뎌내지 못하고 급기야 그곳을 떠나려고 짐을 챙기기에 이르렀다. 이 고통속에서 하루만이라도 벗어날 수 있다면 어디라도 좋으니 떠나고 싶었다.

나는 오늘밤만 이곳에서 머물기로 하고 내일 아침 떠나기로 마음을 먹었다. 하지만 막상 떠날 결심을 하고 나니, 죄지은 사람처럼 마음이 무거워지는 것도 사실이었다. 무거운 마음을 이끌고 한 걸음 한 걸음 법당을 향해 걸어갔다. 그리고 부처님 전에 기도를 올렸다.

"부처님, 이 가련한 범부는 나약하게도 기도를 끝내지 못하고 내일 아침 이 곳을 떠납니다. 소승 그간에 수도승으로 살아가면서 절간의 공양만 축내었나 봅니다. 이제 저는 어디로 가야한단 말입니까?"

나는 죄스런 마음으로 엎드려 부처님께 사죄하였다. 어느새 두 눈에는 눈물이 흘러내리고 있었다.

절망스런 마음으로 다시 방으로 돌아와 힘없이 자리에 누웠다. 허탈하고 괴로운 마음에 지쳐 힘겹게 잠이 들었는데, 누군가 내 앞에 나타났다. 육 척 장신을 방불케 할만큼 건장한 체구를 지닌 사내의 모습이었는데, 얼굴엔 검은 구레나룻이 무성했으며 눈에서 광채가 뿜어져 나오듯 눈동자가 밝게 빛나고 있었다. 거대한 풍채만큼이나 매우 위엄이 있는 모습이었다. 그 사내는 내 방문 앞에서 양팔을 크게 벌린 채 방문을 십자형으로 막고 서 있었다. 나는 두려운 마음으로 경계심을 풀지 못하고 한참 동안 그를 지켜보기만 했다. 잠시 후 그가 벌렸던 팔을 풀고 내 앞으로 다가왔다. 그리고는 만면에 환한 미소를 지으며 나를 그 넓은 품 안에 감싸안고는 부드러운 손길로 다독여 주는 것이었다. 그 한없는 포근함에 쌓여 내 눈에는 눈물이 고였다. 아무런 말도 오고 가지 않았지만 어느 누구에게서도 느껴보지 못한 따스함이 온 몸 가득 전해져 왔다. 잠시 그 따스함에 도취해 있는 사이, 그의 모습은 사라지고 나는 마법에 걸렸던 사람처럼 스르르 꿈에서 깨어났다. 어느새 내 마음은 어제 보단 훨씬 평온해져 있었다. 나는 서둘러 마지막 아침 예불을 드리기 위해 법당으로 들어갔다. 부처님 전에 향을 피우고 신장단 앞에다 향을 피우는 순간 앞에 그림이 있었다.

'아, 꿈속에서 만났던 그 거대한 풍채의 사내….'

포근하게 나를 감싸주던 그 사내는 저 탱화 속에 한 자리를 차지하고 있는 화엄성종의 모습이었던 것이다. 나는 화엄성종 앞에 무릎을 꿇었다.

"제가 기도를 포기한 채 괴로워 하니, 그 모습을 가엾게 여겨 제 앞에 나타나 용기를 주셨군요. 소승 이렇게 머리 숙여 감사 드립니다."

올바른 길을 행하려 하는 자에게는 그 만큼의 시련이 따르지만 시련을 딛고 일어설 수 있도록 힘을 실어주는 보이지 않는 목소리들이 있기에 결코 포기할 수 없음을 마음깊이 되새겼다. 그리고 다시 한번 반드시 이루고야 말겠다는 다짐으로 해이해진 정신을 가다듬었다.

나는 예불을 끝내고 방으로 돌아와 다시 기도를 시작하였다. 기도가 시작되고 얼마 후 갑자기 옛날 군사들의 모습으로 보이는 수많은 이들이 내 앞에 나타났다. 이들은 칼과 방패로 무장한 채 내 곁에 진을 치고 있었다. 그리고 여전히 마군들이 내 앞에 하나 둘씩 출현하기 시작하자, 칼을 찬 수많은 군사들이 일제히 일어나 어느 것 하나 내 곁으로 다가오지 못하도록 칼과 창을 앞세워 무찌르기 시작했다. '도대체 저 수많은 군사들은 누군가?' 라고 하며 그들을 자세히 보니 많은 군사들 가운데 그들을 통솔하고 있는 듯한 지휘자의 모습이 눈에 띄었다. 검은 구레나룻이 낯이 익은 것이 나는 곧 그 모습이 화엄 성종의 모습임을 알 수 있었다. 칼을 휘둘러 이쪽 저쪽을 가리키며 군사들을 지휘하는 위풍당당한 모습엔 여전히 기백이 가득해 보였다. 갑자기 나타난 군사들만을 대했을 땐 저 수많은 군사들이 과연 누굴까 의문을 품었지만, 그들을 지휘하고 있는 화엄 성종의 모습을 보는 순간 나를 돕기 위한 아군들임을 알게 되었다.

'내가 마군에게 괴로움을 겪는 걸 아시고 이렇듯 수많은 군사들과 함께 내 괴로움을 덜어주려 하시는 구나.'

그 뒤로 나는 새벽이면 신장단에 향을 피워 놓고 참배를 드렸다. 마음속으로 수없이 고마움을 표시하며 머리를 숙였다.

신장님이 군사들을 데리고 나타난 뒤로는 한결 고통이 줄어들었다. 마군들은 내가 기도를 하는 동안에는 선명히 보였으나 기도를 하지 않는 동안엔 그저 희미하게만 모습을 나타내었다. 이제는 기도를 하는 순간에도 나를 지켜 주시는 호법 선신들이 곁에 있다는 생각에 조금은 편안한 마음으로 기도할 수 있게 되었다. 그러나 여전히 기승을 부리는 마군들은 무찔렀다 싶으면 대체 어디서 그렇게 몰려드는지 전보다 더한 숫자들이 몰려와 군사들을 에워싸고 있었다. 서로 엎치락뒤치락 맹렬한 격투전이 계속되는 가운데 기도를 시작한 지도 어언 90일이 흐르고, 격렬하게 싸우던 마군과 호법선신들 모두 힘이 빠진 채 움직임이 둔해 보였다. 그러는 동안 마군들은 하나 둘 쓰러지고 가장 기력이 센 거대한 마군 하나만이 남아 있었다. 수없이 칼로 찌르고 공격을 가해 보았지만 이미 힘이 빠지긴 호법 선신들도 마찬가지였기에 넘어뜨리기조차 버거워 보였다. 모두들 지쳐만 가고 있었다.

드디어 기도 백일 째 되는 날, 지칠 대로 지친 나는 마지막 남은 힘을 다해 지장보살의 명호를 부르며 기도에 열중했다. 남아 있는 마군은 하나뿐이었다. 군사들은 전력을 다하여 한꺼번에 마군을 향해 달려가기 시작했다. 그리고 일제히 마군의 몸뚱이에 칼을 꽂았다. 순간 '아' 하는 고통스런 비명소리와 함께 마군은 나가 떨어졌다. 한동안 멍하니 그 광경을 바라보고 있는데, 갑자기 몸 안에서 이상한 기운이 전해져 왔다. 기도하는 내내 그렇게도 아프고 갑갑했던 눈이 한 꺼풀 벗겨진 듯한 느낌이 전해져 두 눈에 밝은 빛이 감도는 듯 영안이 맑아지는 기운이 감지되었다. 곧이어 그 빛은 곧은 직선으로 뿜어져 나와 하늘로 뻗어 나가고 있었다. 마치 하늘과 연결어 있는 듯 보였다. 나는 놀라운 이 현상에 반쯤 얼이 빠져 버렸다.

도대체 이 상황을 무엇이라 표현할 수 있을까? 수수께끼 같은 마음속을 추스르며 기력이 다 빠져 나가버린 몸으로 자리에 쓰러지듯 드러누웠다. 그리고 금새 잠이 들었다. 어느새 꿈속에선 그 동안의 일들이 영화처럼 한 장면 한 장면 생생하게 펼쳐지고 있었다. 제일 먼저 백발 노인의 모습이 눈에 들어왔다. 노인은 우두커니 산봉우리에 앉아 있었다. 내가 노인의 앞으로 다가가 정중히 절을 올리니, 그는 마치 그 동안의 노고를 치하하듯 만면에 웃음을 띄며 흐뭇하게 나를 바라보았다. 장면이 바뀌어 내 앞에 나타난 것은 언젠가 꾸었던 인상깊었던 꿈의 한 장면이었다. 철로 이루어진 그 산의 외진 절벽 위에 갇혀 있던 그 수많은 영체들의 울부짖는 모습들이 다시 모습을 드러내고 있었다. 그리고 그 옆에 전에 보이지 않았던 절이 한 채 눈에 들어왔다. 절 앞으로 다가가 보니 한 귀퉁이에 작은 글씨로 지장전이라 쓰여 있었다. 나는 안으로 들어가 참배를 올리고 지장보살을 바라보았다. 그러자 신기하게도 지장보살의 눈빛과 나의 눈빛이 마주치자 서로에게서 밝은 빛이 뿜어져 나오는 것이었다. 순식간에 빛은 하나로 일치되고 있었다. 이어서 지장보살은 세 손가락을 두 번 폈다 접었다 하시며 하늘을 향해 가리키는 것이었다. 나는 매우 놀라워하며 지장보살 앞에 무릎을 꿇고 앉았다. 지장보살께서 내게 이르는 말씀이 들려오기 시작했다.

"수자여, 저기를 보아라. 철창에 갇힌 채 아픔을 호소하는 수많은 망자들의 모습이 보일 것이다. 저 수많은 망자들을 제도하고 구천을 떠도는 중음신들을 제도하라. 그리고 만인을 위해서 기도하는 것이 앞으로 수자에게 주어진 숙제이니라.”라고 하며 내게로 다가와 두 눈을 어루만져 주셨다. 순간 두 눈이 반짝이는 것이, 조금 전보다 한층 더 환하게 빛을 발하고 있었다.

다음에 이르른 곳은 내가 기도하고 있는 암자의 법당 앞이었다. 법당 안으로 들어서니 구레나룻을 한 신장님께서 저만치에서 다가서는 나를 바라보고 계셨다. 그리고 내가 가까이 이르자 말씀하시기를, “앞으로 만인을 위하여 뜻깊은 일을 하며, 살신성인의 자세로 살아가야 하느니라.” 하시며 지장 보살과 같이 충고의 말씀을 아끼지 않으셨다.

여태까지 기도를 하던 중 꾸었던 꿈들이 묘하게 이어지면서 마치 한 편의 영화를 본 듯한 기분이 된 채 나는 꿈에서 깨어났다.

“저기 갇혀 있는 수많은 망자들을 제도하고 구천을 떠도는 중음신들을 제도하라.”

그들을 어떠한 방법으로 재도하란 말인가? 또한 지장보살께서 세 손가락을 두 번 폈다 접었다 하며 하늘을 가리키시던 것의 의미는 무엇일까? 나는 지장보살께서 하신 말씀을 다시 한번 되새기며 그렇게 의문을 품어 보았다.

밤은 점점 깊어만 가고 목이 말라 물 한잔을 마시러 밖으로 나왔다. 물을 마시며 잠깐 눈을 감았는데, 이게 웬일인가? 꼭 꿈속에서처럼 내 눈에 빛이 감돌며 영혼들의 세계가 펼쳐지는 것이었다. 눈을 뜨자 영혼은 온데 간데 없이 사라져 버렸다. 동서남북을 돌며 다시 눈을 감아 보았다. 그러자 또 다시 영혼의 세계가 눈앞에 펼쳐졌다.

빛을 통해 내가 4차원의 세계와 연결되고 있음을 실감할 수 있었다. 나는 비로소 영혼의 세계와 교류할 수 있음을 깨닫게 된 것이다. 방으로 돌아와 어떻게 이런 현상이 가능한 것인지 한참을 생각하다 내가 알고 있는 영가를 시험 삼아 한번 불러 보기로 했다.

영가의 이름을 부르며 다시 눈을 감자, 눈에서 또 다시 빛이 머물며 영가와 교류가 이루어지고 있음을 느꼈다. 마음속으로 영계를 생각하며 눈을 감으면 내 눈앞에 영혼의 세계가 펼쳐지며 마음을 모아 사람을 들여다보면 그의 운명이 내게 느껴져 오는 것은 도대체 무엇일까?

나는 그러한 생각 끝에 나의 조상들을 생각했으며 눈을 감고 가만히 증조부를 불러 보았다.

"망 인동 장씨 내 증조부의 영가…"

몇 번을 반복하여 부르자 깡마른 체구에 키가 컸던 할아버지의 모습이 보였다. 또 다시 백부와 조부, 아버지까지 불렀더니 일제히 내 앞에 모습을 보였다. 참으로 신기한 일이 아닐 수 없었다. 왜 이 분들은 내가 부르는 즉시 나타나는 것일까 생각하며 다시 한번 고조부를 불러보기로 하고 몇 번을 반복하여 불렀는데 이번에는 나타나지 않았다. 가만히 눈을 감고 마음을 모아 영혼의 운명을 들여다보니 내가 부르는 순간 나타났던 영혼들은 저승에 들지 못한 영혼들이란 것을 알 수 있었고 내 앞에 나타나지 않은 영혼은 저승으로 든 영혼임을 알 수 있었다.

　증조부가 돌아가신 지 팔십 년이 넘었는데 아직도 저승
에 들지 못하고 이승에 머물러 계시다니 놀라지 않을 수 없
었다.

　그렇다면 도대체 이 망자들은 어디에 계신단 말인가? 나
는 그들이 이승에 머물러 있다면 가족이나 친인척들 가까
이에 머물고 있지 않을까 하는 생각을 하며 친척이나 형제
들 중 생존해 있는 사람들의 주소와 생년월일, 이름을 부르
며 마음을 모아 보았다. 그들의 이름을 부르는 동시에 내게
전율이 느껴져 오는 사람도 있었으며 반면에 그렇지 않은
사람도 있었다.

　그렇게 나에게 전율이 전해져오는 사람은 영혼이 접신되
어 있는 사람임을 전율이 전해져 오지 않는 사람은 영혼이
접신되어 있지 않은 사람임을 가늠할 수 있었다. 전율이 전
해져 온다는 것은 즉 영혼에 의한 신호라고 할 수 있다. 몸
에 신호가 오면서 떨림이 전해져 온다는 얘기다.

　영혼들은 무조건 떠도는 것이 아니라 대다수가 사람의
몸에 접신되어 있다는 것을 알게 되었고 이러한 사실들을
알고 나니 내 증조부의 영혼은 누구에게 접신되어 있는지
가 궁금해졌다. 그래서 나는 우리 집안의 가장 맏형 뻘인
사촌형의 주소와 이름을 불러보았다. 그러자 신호가 오는
동시에 내게 전율이 느껴지기 시작했으며 사촌형에게 증조
부의 영혼이 접신되어 있음을 알 수 있었다. 그리고 나서
나의 형의 주소와 이름을 불러보니 역시 전율이 전해져 왔
으며 아버지의 영가를 부르자 다시 신호가 오며 아버지가
형에게 접신 되어 있음을 알게 되었다. 다시 한번 여동생의

주소와 이름을 불러보았는데 신호는 왔지만 누가 접신되어 있다는 것은 알 수 없었다. 나는 여동생은 혼인을 했으니 시댁의 영혼이 접신 되어 있을 것이라 생각하고 시댁의 영혼을 상기시켜 불러보았는데 역시 신호가 오지 않았다. 그래서 다시 우리 쪽 조상을 생각하며 불러보았지만 마찬가지였다. 눈을 감고 마음을 모아 영혼을 들여다보니 그 영혼은 외가 쪽의 영혼임을 알 수 있었다. 외할머니의 영가를 부르자 신호가 오는 동시에 전율이 느껴지고 있었다.

이러한 체험을 통해 영혼이 접신된 사람은 신호와 함께 나에게 전율이 전해져 온다는 것을 알게 되었고 사람에게 영혼이 접신 되어 있을 때 어느 영혼이 접신되어 있는가 알 수 있는 방법은 내가 마음을 모아 영혼을 들여다 보고 그 영혼을 불렀을 때 신호가 오며 전율이 느껴지면 그 영혼이 접신 되어 있음을 알게 된다는 것이었다. 그밖에 나의 친척들 남녀를 대상으로 시험삼아 영혼을 불러 보았는데 남자는 친가 쪽의 조상이나 가족의 영혼이 접신 되어 있음을 알 수 있었고 여자는 남편이나 자식을 제외하고 친정 쪽이나 외가의 영혼이 접신되어 있음을 알게 되었다.

또 영혼이 이 사람 저 사람의 몸을 옮겨다닐 수 있다는 것도 알게 되었으며 한 사람에게 여러 영가가 접신되어 있을 수 있다는 것도 알게 되었다.

마음을 모으면 그 사람의 운명이 들여다보이는 것은 무엇일까 생각하며 눈을 감고 다시 마음을 모아 보았다. 그것은 내가 영안과 혜안으로 인간의 운명을 짚어줄 수 있는 마음의 눈을 가지게 되었음을 뜻했다.

나는 마음을 모아 지장보살께서 펴 보이던 손가락의 의미와 하늘을 가리키던 이유는 무엇이었는지 내가 의문을 느꼈던 부분을 마음의 눈으로 짚어 보았다. 두 번에 걸쳐 세 손가락을 폈다 접었다 하신 것은 삼십 삼이란 의미를 나타내는 것으로 읽혔고 하늘을 가리킨 것은 하늘 천이란 의미로 그 뜻을 합하면 삼십 삼 천이란 의미로 풀이할 수 있는 것이었다. 나는 다시 한번 내 자신을 시험해 본다는 생각으로 몇 몇 친지들을 대상으로 하여 마음을 모아 보았다. 지나온 과거와 내 마음속에 가지게 되는 생각들이 일치하는 것을 알 수 있었으며 다가올 미래에 대한 것들 역시 마음으로 읽어지는 것을 느낄 수 있었다. 나는 마침내 기도했던 것의 해답을 얻을 수 있었다.

지장보살께서 영계에 관해 경험할 수 있게 해주신 것이나 내게 사람의 운명을 볼 수 있는 혜안을 주신 것은 중생들이 느끼지 못하는 가련하고 안타까운 영혼들을 저승으로 인도해 주고 또한 영혼으로 고통받는 중생을 위하여 그들의 운명을 헤아려 좀 더 나은 삶으로 나아갈 수 있도록 인도하라는 뜻임을 가슴 깊이 느낄 수 있었다.

내가 영혼의 세계에 대한 영안을 넓히는 사이 날은 밝아오고 긴 시간 나의 기도터가 되어 주었던 이 곳을 떠날 시간이 다가오고 있었다. 백일 기도의 성취를 이룬 이 곳과의 작별이 못내 아쉬웠지만 기도를 이루기 위한 다짐 하나로 찾았던 곳이었기에 기도를 이뤄 낸 지금 미련 없이 돌아서야 함이 옳은 것이라 마음먹었다.

신장님과 지장보살께 드리는 회양식을 마치고 서둘러 짐

을 꾸렸다. 봇짐을 들고 산길을 내려오면서 정들었던 암자를 떠나는 아쉬운 마음에 몇 번이고 뒤돌아보곤 해다.

'언제고 내 이 곳을 다시 한번 밟을 날이 있겠지.'

애써 먼 훗날을 기약하며 나는 하봉암으로 길을 잡았다.

2. 영능력을 얻다

산기슭을 돌자 어느덧 하봉암 문턱까지 금세 당도하였다. 절 안으로 들어서서 성화 스님을 부르는데 이상하게도 생각처럼 말이 되어 나오질 않고, 혀와 입 주변이 덜덜거리며 심하게 떨려왔다. 백일만에 처음으로 말문을 트려니 이런 증세가 나타나는 게 아닌가 생각하며 서 있는데 인기척을 들었는지 성화 스님이 문을 열며 나오고 있었다. 성화 스님은 나를 보자 기다렸다는 듯 몹시 반기며 말했다.

"다정 스님, 그렇지 않아도 조만간 소식이 있을 줄 알았습니다. 정말 수고 많으셨습니다."

방으로 들어가 차를 마시며 그 동안의 기도 과정을 얘기하려는데 조금 전처럼 말이 되어 나오질 않았다. 무슨 말을 하려 하면 말의 흐름만 그저 덜…덜…덜… 떨려 나와 전혀 알아들을 수 없었다. 성화 스님도 이런 내 모습에 무척 놀라며,

"스님, 기도하시던 중에 무슨 일이 있었습니까?"라고 하며 물었지만 대답을 할 수가 없었다. 왜 이런 증세가 나타나는 것인지 알지 못한 채, 하는 수 없이 연필과 종이를 준

비하여 글로써 대화를 나누었다. 성화 스님은 여전히 걱정
스러운 듯 나를 바라보며 안쓰러운 표정을 지었다.

잘 되지 않는 말이었지만 나는 계속해서 말을 해보려 안
간힘을 썼다. 하루 이틀 시간이 지나면서 발음이 또렷해지
기 시작했고 차츰 정상적으로 말할 수 있게 되었다.

기도하는 백일 간 누구와도 얘기를 나눈 적이 없는데다
지장보살의 명호만 찾으며 그것을 재빠르게 외우는데 열중
한 탓에 갑자기 다시 말을 하는데 익숙치 않았던 게 아닐까
라는 생각이 들었다. 말을 제대로 할 수 있게 되자, 기도했
던 백일 간 나에게 있었던 일들을 성화 스님께 상세하게 이
야기하였다. 내 얘기를 들은 성화 스님은 놀랍다는 듯 감탄
하여 말하였다.

"다정 스님, 이제 만인을 위하여 좋은 일에 힘쓰십시오."

"스님께도 진심으로 감사드립니다. 스님의 배려로 제가
이렇게 기도를 마칠 수 있었습니다."

우리는 잠시 동안 따스한 눈빛을 나누며 서로의 깊은 속
마음을 헤아렸다.

하봉암에 기거한 지도 열흘 가까이 되어 가고, 날이 밝
는 대로 떠나야겠다는 결심이 섰다. 다음 날 다시 만날 날
을 기약하면서 성화 스님과 작별 인사를 나누었다. 하봉암
을 떠나 서울의 도봉산 천진사를 향해 발길을 옮겼다.

도봉산 천진사에 이르자 감회가 새로웠다. 기도를 결심
하기 전 무작정 이곳에 왔을 때, 천근의 짐을 진 듯 마음은
무겁기만 했었다. 그러나 이렇듯 번뇌를 덜어내고 홀가분
한 마음으로 다시 찾은 천진사는 내게 새로운 의미로 다가

왔다.

"금수 스님 계십니까?"

소리 높여 부르자, 내 목소리를 들은 스님께서 달려 나오셨다.

"어서 오게나. 그렇지 않아도 자네 소식이 몹시 궁금했네. 언제나 내게 오려나 기다리고 있었는데 드디어 오는 구만."

스님께 큰절을 올리고 그간의 일들이며 기도에 대한 체험들을 이야기해 드렸다. 내 얘기를 들은 스님께서는 감탄해 하시며,

"아주 힘든 과정을 거쳐 비로소 대단한 능력을 얻게 되었군. 정말 장하네. 하지만 앞으로가 더욱 더 중요하단 것을 명심해야 하네. 사심을 없애고 모든 사람들을 위해 좋은 일에 임하도록 힘써 주게."

"명심하겠습니다."

천진사를 떠나 부산으로 내려와 천도자와 기도하려는 신도들을 위해 포교원을 짓고, 십 년 동안 나의 혜안으로 지금까지 많은 사람들의 운명을 헤아려 왔다. 나는 영능력을 체험하게 되면서 영혼의 세계와 맺어지게 된 것이다.

영혼이 떠돌며 접신된 과정

　사람이 갑작스런 사고로 인해 죽는 게 아니라면 대부분 자신의 죽음을 알고 세상을 떠난다.

　죽어 가는 순간 정신이 혼미해지며 숨이 멈춰지고 자신의 육체에서 영체가 빠져 나가는 것을 느끼며 현생에서 삶이 끝났음을 알게 된다. 그리고 남은 사람들이 자신을 애도하는 모습을 보며 더욱 더 죽음을 실감하게 될 것이다.

　죽은 지 얼마 되지 않은 영혼은 산 자와 대화가 가능한 것으로 생각하여 생전에 자신이 못 다한 얘기들을 하려 하지만 서로 의사소통이 되지 않음을 곧 깨닫게 된다.

　영혼은 죽는 그 순간부터 시공을 초월하므로 시간과 날짜를 인식하지 못한다. 그리고 자신이 가고자 하는 곳은 어디든 쉽게 옮겨다닐 수 있게 되어 생전에 자신이 일했던 곳이나 좋아했던 곳, 보고 싶었던 사람이 있다면 어디든 가서 볼 수 있다.

　떠도는 영혼들은 생전에 자신이 가졌던 애착과 탐욕, 분노, 원한 등을 마음에 두고 영혼의 세계를 돌아보다, 자신보다 먼저 세상을 떠나 저승에 들지 못한 영혼들을 만나게 된다. 그 중에는 친인척이나 친구 등도 있을 것이다. 그리고 잘 알지 못했던 영혼들과도 사귐을 갖게 된다. 사람이 사람을 사귀듯 영혼은 영혼끼리 대화하며 사귐을 가지는 것이다.

또한 떠도는 줄로만 알았던 죽은 지 얼마 안 된 영혼들은 다른 영혼들이 그들 인척의 몸에 접신되어 드나드는 것을 보면서 자신도 가족이나 인척의 육신에 접신되어 마음 먹은 대로 움직이며 행동하게 된다.

영혼이 왜 자신의 가족이나 친인척의 몸에 접신되어 행동하려는지 의문을 가질 것이다. 그것은 대부분의 영혼이 가족에 대한 애착과 한, 분노 등을 가지고 죽는 때문이라고 볼 수 있으며 아무런 원한도 없이 타인에게 접신되지는 않는다.

이 세상에 태어나지도 않았을 때 죽은 사람의 영혼이 자신을 어떻게 알고 접신되느냐는 얘기를 많이 하는데 이 경우의 예를 들어보자.

그가 태어나기도 전에 할아버지가 돌아가셨다 하자. 본인이 세상에 존재하지 않았을 때 할아버지는 아버지의 몸에 접신 되어 있다가 영혼의 모습으로 손자, 손녀가 태어나는 것을 보게 된다. 영혼의 한이 많으냐 적으냐에 따라 이승에 머무는 기간이 달라진다 할 수 있고, 계속해서 한이 남아 있다면 아버지의 몸에 접신되어 있던 할아버지는 아버지가 세상을 뜨고 난 뒤에도 이승에 남아 손자의 몸에 접신될 수도 있으며 종손에게까지 접신될 수 있는 것이다.

영혼이란 처음에는 한 사람에게만 접신되어 있는 게 아
니고 이 사람 저 사람에게 접신되어 다닌다. 예를 들어 아
버지가 돌아가시고 난 뒤 모든 자식들에게 아버지의 영혼
이 접신 되어서 똑같은 증상들이 나타날 수 있는데, 기가
약한 사람은 그것을 빨리 느끼며 기가 강한 사람은 영혼이
접신 되어 있어도 잘 느끼지 못한다. 설사 뭔가 이상함을
느끼더라도 영혼 때문이라고 생각하지 못하며, 자신으로
인한 변화로 받아들이게 된다.

한 많은 부모의 죽음

젊은 나이에 세상을 떠난 사람일수록 이승에 대한 한이 더 많을 수밖에 없다. 그것은 자신의 꿈을 제대로 펴지도 못하고 떠나야 했기 때문이다. 젊은 아내와 아이를 두고 세상을 떠났다면 자신이 없는 세상을 살아가야 하는 이들 때문에 가슴이 내려앉을 것이다.

그렇게 자신이 떠난 후 부인이 혼자 살아 가다 아이를 시집에 맡기고 재혼을 하게 되었다면, 생전 영혼의 성격에 따라 그 태도가 달라지는데, 순하고 너그러운 영혼이면 부인을 이해하는 마음이 넓을 것이며 반대로 마음이 좁은 영혼이면 부인의 재혼을 용서하지 못하고 부인에게 원망과 분노를 느껴 재혼한 남편과 불화를 하게 하여 가정을 파괴할 수도 있다.

위와 반대로 아내가 남편과 아이를 남겨 놓고 세상을 떠났다면 그 안타까움은 더 할 것이다. 핏덩어리 자식을 이승에 남겨두고 떠나야 하는 어미의 마음은 응어리져서 자식이 성장할 때까지 곁에 머물며 지켜볼 것이다.

만일 남편이 재혼하게 되어 아이에게 새 엄마가 생기게 될 경우, 새 엄마가 아이를 위해 노력하고 최선을 다한다면 마음으로 고마워하며 계속 지켜보고 있겠지만, 아이를 때리고 구박한다면 분노를 참지 못한 영혼은 남편과 그의 아내를 가만두지 않고 몸과 마음을 괴롭게 만들어 고통받게 하고, 안타까운 나머지 자식을 데리고 가는 경우도 생길 수 있다.

정열을 불태우며 일할 나이인 삼십대 중반이나 사십대 초반의 나이에 어린 자식을 두고 세상을 떠났다면, 한창 이루어 나갈 인생의 절정기이므로 직장에 강한 애착을 느낄 것이며 자식들을 위해 고생하는 부인을 바라보는 마음이 무척 아플 것이다.

그렇게 영혼은 가족의 곁에 머물며 아무런 도움도 줄 수 없는 것을 슬퍼하게 된다. 또한 이 나이 정도의 주부가 세상을 떠났다면 학교 다니는 아이들 걱정과 직장 다니는 남편 걱정 때문에 마음을 애태운 채 집안을 서성이게 되며 살림살이들에 애착을 나타낸다.

사십대 후반의 나이이면 일찍 결혼을 했을 경우 자식이 대학에 다닐 나이쯤 될 것이며 오십대 초반의 나이 역시 자식이 대학에 다니고 있을 나이이다.

오십이 가까운 나이가 되면 자꾸 마음이 약해지기 마련이다. 제대로 인생을 설계하고 열심히 살아왔다면 집안이 제법 안정이 되어 있을 나이이기도 하다. 자식이 대학을 마치고 사회로 진출하고 결혼하여 잘 살아가는 모습을 보는

것이 그들의 낙일 것이다. 또한 손자, 손녀가 태어나 무럭
무럭 자라나는 것을 본 후 세상을 떠나고 싶은 게 바람일
것이다. 하지만 인명은 재천이라 했던가. 죽음만은 우리들
뜻대로 되어주지 않는다. 자식이 장성해 가는 모습을 보지
못하고 떠나는 부모의 가슴에 한이 맺혀, 자식이 대학을 졸
업하고 결혼해서 아이를 낳고 살아가는 모습을 지켜보며
잘 되기를 간절히 기원하게 될 것이다.

부모 자식간의 혈육의 정은 어느 것보다도 끈끈하고 뜨
겁다. 살아서든 죽어서든 부모가 자식을 걱정하는 마음은
한결같은 것이다. 자식들 역시 이런 부모의 마음을 헤아려
돌아가신 부모님을 기리고 도리를 다하여야 할 것이다.

분노한 부모의 영혼과 자식에 대한 애착

부모가 자식을 위해 애써왔던 것의 절반만큼만 해도 자식이 노력해도 효도라 볼 수 있는데, 요즘엔 그렇지 못한 자식이 많다. 물론 부모가 자식에게 보여준 모습에서 자식이 부모를 대하는 마음가짐도 다를 수 있겠지만 부모는 우리를 이 세상에 있게 해 준 유일한 분들이다.

옛날에는 먼 친척이 돌아가셔도 찾아 가서 애도의 뜻을 표하는 게 예의였는데 요즘은 바쁘다는 핑계로 그냥 넘어가 버리는 경우가 많다. 뿐만 아니라 부모 자식간이나 형제간의 관계도 점점 각박해지는 게 사실이다. 늙고 병든 부모를 서로 나 몰라라 하며 거들떠보지도 않는 배은 망덕한 사람도 있고, 부모에게 재산이라도 좀 있으면 죽은 뒤에 형제끼리 재산 싸움이 일어 법정까지 가는 추한 모습이 늘어나고 있는 세태이다.

요즘 재산이 있는 노인들은 실버타운이라는 노인들이 살기 편하도록 되어 있는 고급 시설에서 같은 처지의 노인들

끼리 의지하며 마음 편하게 살아가는 경우도 많다고 한다. 이런 것을 통해서도 알 수 있듯이 요즘 사회에는 심각한 노인 경시 풍조가 만연하고 있음을 피부로 느낄 수 있다. 옛날 전래 동화 속에 부모를 깊은 산 속에 혼자 버려 두고 내려오는 고려장에 관한 얘기가 나오는데 그와 같은 사건이 실제로 일어나고 있는 게 요즘의 현실인 걸 보면 사회가 얼마나 메말라가고 있는지 알 수 있다.

늙고 병들어 자식에게조차 대우를 받지 못한 채 죽음을 맞게 되는 부모는 비록 자식이라 할지라도 원한이 사무쳐 숨을 거둔 뒤에라도 자식의 몸에 접신되어 자식이 하는 일을 가로막아 자식의 몸과 마음을 괴롭힐 것이다.

이미 세상을 등진 자들은 자신이 생전에 어떻게 죽음을 맞이했느냐에 따라 업이 쌓이기도 한다. 그러므로 그 업이 소멸될 때까지 생전에 마음먹은 원한을 풀기 위해 수 없는 나날을 이승에서 맴돌며 이승에 대한 미련을 못한다.

내가 부모에게 효심을 다하는 모습을 자식들에게 보여 주었을 때 자식들 역시 그것을 보고 배우게 된다. 그런데 부모에게 배은망덕한 행위를 일삼으며 자식의 도리를 다하지 않았다면 부모에게 한 만큼 자식들에게 되돌려 받지 않겠는가. 부모가 자식 앞에서 보여주는 말과 행동은 무의식 중에 자식들에게 젖어들 가능성이 큰 것이다.

모든 일에는 원인에 따라 결과가 생기기 마련이다. 부모에게 참 마음으로 공경하는 모습을 보여 준다면 자식 역시 그것을 배워 부모를 공경하는 마음이 저절로 우러나올 것이다. 늙어 마음마저 빛을 잃어 가는 노년의 부모가 소외감을 갖지 않도록 따뜻하게 보살펴야 할 것이다. 부모는 자식을 낳아, 죽는 날까지 자식을 위해 살아 간다.

열 손가락 깨물어 안 아픈 손가락 없다는 말이 있듯이 마음이 가지 않는 자식은 없을 것이다. 우리가 어려운 현실에 부딪혀 허덕이고 있을 때 물심양면으로 도움을 줄 사람은 내 부모와 내 형제들뿐이다.

가진 것이 많아 자식에게 해 줄 수 있는 게 많다면 그것으로 부모의 마음은 흡족하겠지만 가진 것이 없어 마음먹은 대로 자식에게 해 줄 수 없는 부모의 가슴은 쓰라릴 것이다. 자식이 사회에 나가 별 어려움 없이 살아가기를 바라는 것이 모든 부모의 마음일 것이다. 그러나 세상살이가 어디 뜻대로만 되겠는가.

자식을 낳고 사랑으로 키웠지만 모진 운명으로 자식을 잃고 마는 가슴아픈 사연들도 많다. 한창 좋은 나이에 자식을 떠나 보내고 마음속에 묻고 살아야 하는 부모의 가슴은 아픔으로 멍이 들어 있을 것이다. 객지에 자식을 두고 있는 부모 역시 자식이 몸이 아프거나 힘들어하는 모습을 보면 가슴이 미어진다. 자식이 결혼하여 평탄치 못하게 이혼을 하는 불상사가 생기면 자식의 상처만큼 부모의 마음에도 상처가 남는다.

세월은 유수와도 같이 흐르고 부모는 시간의 경과를 알리듯 늙고 병들어 자식에게 의지하게 된다. 이 때 자식들은 그 동안 부모님께 받아온 헌신적인 사랑을 조금이나마 돌려 드린다는 생각으로 얼마 남지 않은 생을 마음 편히 살다 가실 수 있도록 정성을 다해 모셔야 한다. 평생 자식 위해 살아온 부모님의 노고에 비하면 자식들이 부모님을 모시며 살아갈 시간은 그리 많지 않다.

나이가 들게 되면 점점 마음이 약해져서 사소한 일에도 서운함을 잘 느끼고 마음이 서글퍼진다. 자식이 부모의 이런 마음을 잘 간파하여 세심하게 챙겨 드려야 할 것이다.

효도란 달리 있는 것이 아니다. 진심으로 우러나와서 하는 말과 행동이 부모님을 기쁘게 하는 것이다. 병들어 누워 있는 부모를 위해 자식이 정성을 쏟아 간호하는 모습을 볼 때 눈을 감는 순간까지 부모는 고마운 마음을 간직하며 세상을 떠날 것이다. 설사 저승에 들지 못하고 이승을 떠돈다 해도 늘 자식을 걱정하며 어떻게든 자식을 도우려 노력할 것이다.

비록 부모가 잘못한 일이 있다 해도 자식은 부모를 원망해서는 안 된다. 부모는 죽어서도 항상 자식들을 지켜보고 있다는 것을 잊어서는 안 된다.

효도라는 것이 꼭 부모가 살아 있을 때의 얘기만은 아니다. 어떻게 보면 돌아가신 뒤 그 영혼까지 생각하는 마음이 더욱 필요한 것이다. 구천을 떠도는 부모의 영혼이 자식에게 갖는 애착에서 벗어나게 하여 저승으로 인도할 수 있도록 천도재를 지내 드리는 일 역시 참다운 효도라 볼 수 있지 않을까 싶다.

살인자의 과오와 원한

　불교 계율 첫 번째는 살생을 하지 말라 이다. 살생을 하지 말라 이르는 것은 살아 움직이는 동물이나 미물의 목숨까지도 함부로 죽이지 말라는 얘기인데, 하물며 사람이 사람을 죽이는 일이란 어떠하겠는가. 인간이 살생을 저지른다는 것은 전생의 과오로 인해 자행되는 것인지도 모른다. 또한 이생의 업보가 내생에까지 이어지는 것이라 할 수 있다.

　미움과 원한에 사무쳐 복수를 꿈꾸며 살인을 저지를 수도 있으며, 파렴치한 강도 짓이나 강간 등의 행위를 저지르다 살인까지 하며 조직 폭력배들의 이권다툼에서도 살인은 일어날 수 있다. 어떤 죽음보다도 살해당해 죽는 자는 그 원한이 크다. 그러므로 죽어서도 자신을 죽인 자의 뒤를 따라다니며 그 자에게도 죽음을 맛보게 하려 할 것이다. 또한 살해당한 영혼은 영체로서 존재하는 게 불가능하다는 것을 알고 인척의 몸에 접신되거나 영원히 안치되어 자신이 원

한을 품은 자에게 살인을 저지르는 경우도 생기며 그 영혼
이 접신되어 있는 자는 영혼으로 인해 고통을 당하게 된다.

가끔 신문이나 뉴스를 접하다 보면 있을 수 없는 패륜
행위들이 실리곤 하는데, 그런 기사들 중 가장 끔찍한 일들
이 가족간에 일어난 살인 사건들이다. 핏줄을 나눈 사이에
이런 패륜 행위가 일어날 수 있다는 건 전생의 업보가 아닌
다음에야 결코 있을 수 없는 일이라 하겠다. 위에서 말했듯
이 이것은 전생의 과오라고 밖에 볼 수 없다.

인간이 가진 생존의 본능은 죽어서도 변하지 않고 영혼
으로 존재하면서 윤회를 꿈꾼다. 자신의 업보에 따라 죽어
서도 동물이나 미물로 윤회를 거듭하면서 다시 인간으로
환생하려할 때 전생에 마음에 가지고 있었던 끌림이 강하
게 작용하게 된다. 그리하여 그 혼백이 공중을 떠다니며 전
생에 자신을 죽였던 살인자를 찾아내어 그 자와 가까운 인
연으로 탄생하게 됨으로써 위에서 말한 부모, 형제, 가족간
의 살인 등의 끔찍한 사건들이 발생할 수 있는 게 아닌가
생각된다.

현생에 살인을 저질렀다면 설사 이생에 보복이 이루어지
지 않는다 해도 내생에 인간으로 환생하여 그 집안의 가족
으로 태어나 살인으로까지 이어지는 게 불교에서 말하는
업보에 따른 것일 수 있다.

인간이 저지르는 죄악 중에서도 최고의 죄악이 살인이
다. 한번의 잘못된 생각으로 자신의 인생과 상대방의 인생
까지 앗아가는 큰 죄를 짓게 되니, 미움과 복수심에 불타오
르거나 욕망으로 마음이 흔들려도 미래를 내다보며 죄악의

구렁텅이로 빠져드는 일은 없어야 할 것이다. 무엇보다도 마음을 비우고 살아가야 하는 것이 그러한 욕망을 잠재워 주며 마음에 이해를 불러 오고 그게 곧 살인을 면할 수 있는 길이지 않을까 생각한다.

살인이란 죄악이 전생의 과오로 현생까지 꼬리를 물고 이어지는 것이라면 그 과오를 되풀이하지 않도록 하는 최선의 노력은 자신 때문에 살해당한 영혼의 명복을 빌어주고 참회하는 마음으로 일생을 기도하면서 사는 길이라 생각한다. 자신이 이만큼 뉘우치고 있음을 영혼이 진심으로 느낄 수 있도록 말이다. 그것이 다음 생에 그 만큼의 업보로 죽음이 되풀이되지 않을 수 있는 최선의 길이라 생각해 본다.

자살한 영혼의 원한

인간에게 있어 자살이란 죄 중에서도 큰 죄이다. 사람이란 누구나 수많은 윤회 고를 거쳐서 귀한 인연을 통해 인간으로 환생하는 것이기 때문에 인생살이의 고에 매여 벗어나지 못하고 스스로 목숨을 버리는 것은 자신의 업을 무겁게 만드는 것으로서 그 업 때문에 영혼인 채 이승에 머무는 기간이 가중된다고 볼 수 있다.

사람들이 자살하게 되는 사연도 여러 가지이다. 외로움을 견디지 못하고 우울증으로 끝내 자살하는 사람이 있는가 하면 사업 실패로 실의에 빠져 자살까지 하는 이 시대의 아버지도 있다. 청소년들의 자살을 돌아보면 성적 비관이나 학교에서 심하게 따돌림을 당하다 죽음을 택하는 경우가 속출하고 있으며 사랑하는 사람에게 버림받고 세상을 등지는 안타까운 경우도 볼 수 있다.

약을 복용하여 죽음을 맞는 사람, 바다에 뛰어드는 사람, 우물에 빠져 자살하는 사람, 집안에 불을 질러서 죽는 사람, 목을 메달아 죽는 사람, 높은 곳에 올라가 투신하는 사람, 총이나 칼 등 무기를 이용하여 자살하는 사람 등 자살하는 방법 역시 다양한데 어떻게 자살했느냐에 따라 영혼의 행동이 달라진다 할 수 있다.

자살하는 사람들을 살펴보면 대부분 살아 생전에 자신을 괴롭게 한 대상이 있는 경우가 많다. 그럴 경우 죽고 난 후에는 그 대상을 영체로 삼아 따라다니며 앞길을 가로막을 수 있으며 몸에 접신되어 똑같은 방법으로 죽게 만들 수도 있다. 예를 들어 형제간의 문제가 화근이 되어 자살을 했다면 그 형제에게 접신되어 고통받게 만들 것이며, 만일 형제의 기가 강하여 잘 먹혀들지 않을 경우 형제의 자식들에게 원한을 풀 수도 있으며 그렇게 되면 조카가 똑같은 방법으로 자살할 수도 있다.

어느 시골에서 있었던 일이다. 아이가 공부를 열심히 하지 않아 부모에게 호되게 매를 맞고는 깊은 우물에 빠져 버렸다. 부모는 자식이 집에 들어오지 않자 사방을 둘러보며 찾아 다녔으나 아이는 보이지 않았다.

얼마 후 아이의 시체가 우물 안에서 발견되고 부모의 가슴은 무너져 내렸다. 초등학생 아이를 그렇게 가슴에 묻어야 했던 어머니는 술로 마음을 달래다 다시 정신을 차리고 하나 남은 아들을 위해서라도 제 자리로 돌아가려고 열심히 살았는데, 큰아들이 떠난 지 삼 년쯤 지나 작은아들마저 똑같이 우물에 빠져 죽어버린 것이다. 아무런 이유 없이 작은아들마저 잃어버린 어머니의 슬픔은 이루 다 말할 수 없었다.

　이런 경우 작은아들에게 할아버지나 삼촌의 영혼이 접신되어 있을 수 있으며, 우물가를 지나가다 접신되어 있는 영혼의 힘으로 형의 영혼을 보게 되고, 그 영혼의 힘에 이끌린 나머지 우물 안으로 들어가게 되어 죽음을 맞게 된 경우일 수 있다. 또는 형의 영혼이 동생에게 접신되어 영혼의 마음으로 우물 안에 들어가게 되어 죽음을 맞게 되었을 수도 있다.

　자살이란 외로움과 억울함, 분노, 서운함, 배신 등 마음에서부터 출발하게 되는 것이다. 주변을 돌아보면 사소하게나마 우리로 인해 상처받고 있는 사람들이 있을지도 모른다. 잠시라도 자신을 돌이켜 반성하는 마음을 가지며 다른 사람의 입장에서 생각해 볼 수 있는 마음의 배려를 가지도록 노력해야겠다.

영혼의 행동과 습관

1. 도박의 영혼

예나 지금이나 도박의 종류만 달라졌을 뿐 도박은 여전히 있다.

요즘 세태를 보면 외국에까지 나가서 지나친 도박으로 많은 돈을 잃고 돌아 오는 고위층 모습도 볼 수 있다. 어떤 경우 도박으로 재산을 탕진하고 자살까지 하게 되는 사람들도 있거니와 결국 가정 파탄으로까지 치닫기도 한다. 친목도모로 모임을 가지게 되었을 때 그저 심심풀이 정도로만 이용된다면 괜찮겠지만 도박판에 빠져 매일을 도박으로 살아간다면 돈을 잃고 또다시 되찾아야 한다는 집착에 젖어 습관처럼 도박을 일삼게 되고, 결국 헤어 나오지 못하게 될 것이다.

도박에 얽힌 한 사람의 예를 들어보자.

경북에 살고 있는 사십 대 남자가 어느 날 나를 찾아왔다.

"제가 아는 분을 통해 천도재 라는 책을 접하게 되었는데, 조상께 천도재를 지내 드리면 하고자 하는 일에 운이 따른다고 하여 이렇게 찾아왔습니다. 되도록 빨리 천도재를 지내고 싶습니다."

무언가 다급한 일이 있는 듯하여 서둘러 천도재를 지낼 수 있도록 해 주었다. 그리고 얼마 후 한 통의 전화를 받았다.

"스님, 저는 몇 개월 전에 경북에서 천도재를 지내고 간 사람입니다. 저를 아시겠습니까?"

많은 사람을 만나다 보니 천도자들 개개인을 모두 기억할 수는 없는 노릇이었다. 그에게 자세한 설명을 듣고 그때 그 사람임을 알 수 있었다.

"그런데 무슨 일로 전화 주셨는지요?"

"천도재 이후로 운이 나아지려나 했더니 별로 그렇지가 못합니다."

"그 때 무슨 일을 하신다고 하셨지요?"

"스님께 차마 그 때 이 말은 하지 못하겠더군요. 사실 저는 매일 도박을 하고 있는데, 천도하고 한 두 달 간은 잘 풀리나 싶더니 점점 슬럼프에 빠져 지금은 마지막 남은 땅 문서마저도 다 날려 버렸습니다."

그는 내게 원망 섞인 목소리로 말하였다. 전화를 끊고 나서 나는 참으로 당혹스런 기분이 들었다. 어떻게 조상을 위하는 마음으로 드리는 천도재에 도박을 결부시켜 생각할 수 있단 말인가?

이런 사람들의 경우 도박을 즐겨했던 자신의 조상이 접신되어 있을 수 있으며, 또한 자신이 죽어서도 자식이나 친지들에게 접신되어 그들에게 도박으로 인한 피해를 입힐 수도 있다. 위의 일화를 통해 알 수 있듯이 삐뚤어진 것에다 인생을 거는 어리석은 사람이 되지 않도록 늘 바른 생활 자세로 자신의 일에 최선을 다하는 마음을 가져야 하겠다.

2. 탐욕의 영혼

탐욕이란 불교에서 말하는 삼독의 하나이다. 삼독이 담고 있는 세 가지는 욕심을 버리고 성내지 말며 어리석지 말라는 의미이다. 이 삼독을 마음에 담고 자신을 뒤돌아본다면 삶을 살아가며 마음을 다스려 행동해 나가는데 커다란 보탬이 될 것이다. 탐욕이란 남의 것을 탐하는 것도 되지만, 비록 자신의 것이라 하더라도 마음에서 놓지 못하고 물질에 애착을 갖는 것을 말한다.

우리 인간은 모태에 있다가 이 세상에 나오는 그 순간부터 탐하는 마음을 가지게 된다. 이를테면 아기가 엄마의 젖을 먹고 싶어 울음을 터트린다거나, 장난감을 사 달라고 보채는 등 탐욕의 욕구가 자연스럽게 커져 가는 것이다.

인간은 성장하여 사회에 나가게 되면 다양한 직업을 가지며 살아가게 된다. 자신이 맡은 일을 해 나가는 과정에서도 지나친 욕심을 부려 크게 낭패를 보는 사람들도 있을 것이며 좋지 못한 방법들로 부를 축적하는 사람들도 있을 것이다. 이렇게 과욕을 부리며 살아가는 사람들은 이미 마음 속에 탐하는 마음이 가득하여 나쁜 습성으로 자리잡게 된다. 시기, 질투하는 마음이 모두 탐욕에서 비롯되는 것이고 이런 자세로 살아가다가 죽음을 맞이하게 되면 여태껏 자신이 축적해 놓은 재산이 아까워 차마 저승에 들지 못하고, 가까운 친지들에게 접신되어 해를 입힐 수 있다. 그리고 생전에 영혼이 아끼던 물건이 있었다면 그 물건에 접신될 수도 있다.

그 동안 천도재의 경험을 통해 위와 관련된 이야기를 하나 해 볼까 한다.

어느 사십 대 주부가 나를 찾아와 얘기하기를,

"스님, 저희 집에는 조상들에게 물려받은 가구들이 몇 가지 있습니다. 그런데 이상하게도 밤만 되면 그 오래된 가구 안에서 똑똑똑 하고 문 두드리는 듯한 소리가 들려옵니다. 그리고 가끔 꿈속에 머리가 하얀 할머니가 나타나곤 합니다. 어떤 관련이 있는 것일까요?"

한참 생각한 끝에 나는 말했다.

"보살님, 그 물려받았다는 가구는 아마도 옛날 증조모께서 아끼시던 가구였던 것 같습니다. 증조모께서 시집오실 때 장만해 오신 가구일 것입니다. 요새 사람들이야 그런 가구쯤 하찮게 생각할지 몰라도 옛날 분들은 그런 가구들에도 애착을 가지며 애지중지 하셨을 것입니다. 그런 조그마한 것에 애착을 버리지 못해도 저승에 들지 못하는 경우가 있지요. 아마도 그 꿈에 보이는 할머니의 얼굴이 증조모의 영혼인 듯 하니 천도를 해 주십시오."

천도재를 치르고 난 뒤, 그 가구 안에서 들려오던 소리는 더 이상 들리지 않았고 꿈속에 보이던 할머니의 모습도 사라졌다고 한다. 이렇듯 하물며 평범하다 할 수 있는 가구 하나에도 강한 애착을 느끼며 저승에 들지 못하는 경우가 생기는데, 물질 만능 주의 풍토 속에서 자신이 누리고 있는 것들에 미련을 버리지 못해 차마 저승에 들지 못하는 영혼들이 얼마나 많을까 하는 생각이 들었다. 남의 것을 탐하는 마음도 나쁘거니와 자신이 가진 것에도 지나친 애착을 버리는 마음이 중요함을 깨달아야 할 것이다.

3. 술 마시는 영혼

술이란 적당히 마셔야 좋은 것이다. 사회 생활을 통해서나 친구 간의 친목 도모 등 어디에 가나 술이 따르기 마련이다. 술은 서로 권하며 따라주는 그 맛에 과하게 마시게 되는데, 마음에 중심을 잘 잡아 주량에 맞게 조절할 수 있는 습관이 필요하다. 술은 어른한테 배우라는 말이 있듯이 어른 앞에서 조심스럽게 술을 배우게 되면 그 음주 습관이 자리잡아 술자리에 갔을 때 항상 흐트러지지 않는 자세를 보여줄 수 있다는 깊은 뜻이 내포되어 있는 듯 하다.

술은 적당히 마시면 약이 된다고 했다. 적당한 음주는 대인 관계 형성과 원활한 사회 생활에 도움을 준다. 그러나 술을 남용하면 서서히 알코올에 중독된다. 그리하여 이성이 마비된 채 가족에게 패륜을 저지르는 사건까지 발생하게 되는 것이다. 술로 인해 가정이 풍비박산이 나는 경우는 흔히 볼 수 있는 예이기도 하다.

자신의 건강까지 해치며 주어진 삶을 다하지 못하는 이들의 모습은 안타까움을 자아낸다. 술로 건강을 해치고 세상을 떠난 자가 저승에 들지 못하고 가족이나 친지들에게 접신되면 그 영혼의 술버릇이 접신된 사람에게 고스란히 나타나 영혼과 똑같은 행동을 할 수 있다. 그리고 영혼이 마시는 술과 자신이 마시는 술의 양을 함께 마시게 되는 것이므로 엄청난 양의 술을 마시게 된다. 비교적 술을 잘 하는 남자의 경우는 그래도 다행이라 할 수 있지만 여자에게 접신되어 있다면 문제는 조금 심각하다. 술을 못했던 사람일지라도 자신도 모르게 술이 좋아져 자꾸 마시게 되며, 술을 마시고 평소와 다른 행동을 보여 타인에게 손가락질 받을 수 있으며 가족에게도 이해 받을 수 없어 하루하루 힘들어진다.

술을 지나치게 많이 마시고 있다면 돌아가신 웃어른들을 살펴보도록 하라. 살아 생전에 술을 과하게 한 사람이 있다면 어쩌면 지금 자신에게 접신되었을 수도 있음을 의심해 보아야 할 것이다. 이러한 영혼들을 천도할 때는 제상에 술을 가득 놓고, 성심껏 기도를 해 줌으로써 영혼이 저승에 들게 되며 본인은 그 고통에서 벗어날 수 있게 된다.

4. 바람 피운 영혼

　부부는 일심 동체라 했다. 부부는 일생 동안 마음을 하나로 묶어 일체감을 가지며 부부의 인연을 다해야 한다. 하지만 그렇지 못하고 가슴에 상처만 남긴 채 갈라서 버린다면 남이 되어 버리는 것이 또한 부부이기도 하다.

　옛날에는 자식이 결혼을 하였음에도 불구하고 대를 잇지 못하게 되면 첩을 들여서라도 대를 이을 수 있도록 하는 일이 흔했다. 이런 피치 못할 상황을 제외하고도 첩을 보는 예는 아주 많았다. 높은 지휘에 있는 사람이나 부유한 사람들은 부인외에 따로 여자를 두는 일이 비일비재했다.

　남아선호 사상이 뿌리 깊었던 때이기에 남자가 여자 몇 명 거느리며 사는 게 흥이 되지 않았던 시절이었다. 이렇듯 여색에 빠져 배다른 자식을 만드는 일은 남자에겐 흔한 사례였지만 여자가 다른 곳에 눈 돌릴 수 있다는 것은 상상조차 할 수 없는 일이었다. 만일 그런 일이 생겼다 하면 온통 사람들의 손가락질을 받으며 구설수에 올라 살아가기가 힘들어지며 목숨을 끊게 되는 경우까지 생길 수 있었다. 그 시대는 여자에겐 너무나도 가혹했으며 한번 시집을 가면 그 집 귀신이 되란 말이 있을 정도로 여성이 가야 할 길은 한 길로 정해져 있었던 때였다.

　그렇다면 이제 영혼의 세계를 돌아보자.

　살아 생전에 여색에 물들어 저승에 들지 못하고 자식이나 손자, 손녀에게 접신되어 있다면 역시 영혼의 행동이 배어 그 접신된 사람까지 문란한 행동을 보이며 첩을 두게 되거나 이혼수가 있을 수 있다. 그리고 생전에 남편에게 사랑받지 못한 여자 영혼의 경우 딸이나 손녀에게 접신되어 자신의 한을 풀고자 한다. 영혼은 자신이 풀지 못한 성적인 욕구를 사람의 몸을 빌려 풀려 하지만, 영혼 때문에 불행한 삶을 되풀이해야 하는 이들에겐 너무나 큰 형벌이 아닐 수 없다.

부부란 전생에 아주 소중한 인연이었기에 또 다시 만나게 된 것이다. 한 생을 살며 얼마나 많은 역경 속을 헤쳐가야 하겠는가. 그렇게 귀하게 만난 인연이니 헤어짐이 없이 함께 어려움을 헤쳐나가면서 서로를 다독여주며 살아가야 할 것이다.

5. 불량한 영혼과 사기꾼 영혼

태어나기를 악하게 태어난 사람이 어디 있겠는가.

어릴 적부터 부모의 좋지 못한 행동을 보고 자랐거나 사람을 잘못 사귀어 나쁜 길로 빠지게 되는 경우가 많다. 길을 한번 잘못 들게 되면 점점 좋지 못한 것들에 휩쓸려 마음이 오염되어 가고 나쁜 일을 저지르고도 가책을 느끼지 못하게 된다. 이렇듯 타인을 괴롭히고 협박하며 살다가 급기야 사회에 낙인이 찍혀 더욱 올바른 길에서 멀어져 간다. 결국 그들은 사회에서 격리되겠지만 다시 삶의 터전으로 돌아온 후에도 차가운 시선을 견디지 못하고 다시 그 세계를 전전하게 되기도 한다.

사람이 살아가면서 목표를 어디에다 두고 노력하느냐에 따라 삶의 행로가 달라지듯이 마음의 길 또한 마찬가지이다. 이런 마음을 먹고 행동하는 게 잘못된 것임을 깨달았다면 더 이상 늪에 빠지지 않도록 거기에서 빠져 나오려는 용기가 필요한 것이다.

불교에서는 구업을 짓지 말라 했다. 나쁜 말과 나쁜 행동을 하지 말라는 뜻이다. 사기를 치고 욕을 보여서 비록 부를 누릴지라도 마음 한 구석은 항상 죄업에 젖어 있게 되는 법이다. 이런 영혼이 가족, 친지들에게 접신된다면 접신된 사람은 그 영혼의 행동을 따라서 평생을 옳지 못한 마음으로 난봉꾼의 모습을 가지고 살아가게 될 수도 있는 것이다. 죽어서까지 후손에게 해를 끼칠 수 있다는 것을 깨닫고, 마음을 돌려 바른 길을 걸어가려 노력한다면 지금까지 쌓인 업을 소멸시키며 점점 올바른 방향으로 나아갈 수 있을 것이다. 어두운 곳에서 벗어나 밝은 빛 속으로 걸어나올 수 있는 용기를 가져야 하겠다.

6. 도벽과 걸인의 영혼

옛 속담에 바늘 도둑이 소 도둑 된다는 말이 있다.

이 말은 처음에는 작은 도둑이라도 진작에 그것을 고치지 않으면 장차 큰 도둑이 된다는 뜻이다. 아이들이 호기심으로 부모의 지갑에서 돈을 빼내거나 사소한 도벽 행위를 할 수 있다. 그럴 때 부모가 호되게 나무라며 벌을 세우거나 매를 들어서라도 그런 행동이 잘못된 것임을 깨달을 수 있도록 해 주어야 한다. 부모의 가르침이 아이들에게 깊은 도덕성을 심어 줄 수 있는 커다란 역할을 한다.

어린 날 호기심으로 남의 것을 훔칠 수 있다 해도 그게 반복되다 보면 습관으로 자리잡아 장래를 그르치게 되는 경우가 생길 수도 있다. 집안에 도둑질을 하던 사람이 있었다면 역시 인척들에게 접신되었을 때, 영혼의 행동에 따라 자신도 모르게 남의 것을 탐하려는 마음이 생기며 도둑질을 하게 된다. 그것은 자신에게 한 순간 영혼의 마음이 작용하는 이유 때문이다. 영혼의 잘못된 행실로 자손들이 해를 입는 것이다.

남의 것을 훔쳐서 살아가는 사람들이 있는가 하면 또한 남에게 빌어먹고 살아가는 경우도 있다. 몸이 성치 않아 일을 할 수 없는 상황이라 남의 도움을 받고 살아가야 하는 사람들은 도리가 없는 일이지만, 사지가 멀쩡한데도 일부러 걸인 행세를 하며 살아가는 사람들이 더러 있다. 이들은 게으름을 피우며 일하지 않고 빌어먹는 일이 얼마나 큰 업인지를 모를 것이다.

사람이 태어나 남에게 베푸는 것도 모른 채 한 생을 살다 떠난다면 다시 태어나도 전생에 덕을 쌓지 못한 이유로 인해 받아야할 복을 누리지 못한 채 살아가게 되는 것이다. 더불어 사는 삶을 지향하며 자신의 노력으로 삶을 윤택하게 꾸려 나갈 때 내생에도 기름진 땅을 일굴 수 있는 것이 아니겠는가.

수자령과 어렸을 때 죽은 영혼

옛날에는 양의가 발달하지 않았으므로 한의사가 맥을 짚어 병의 증상을 알아냈으며 침과 한약으로 병을 다스렸다. 생활이 어려웠던 이들은 알려진 민간 요법으로 치료를 하거나 약초를 캐어 달여 먹기도 하였다.

그 시절엔 아이를 유산시킨다는 것이 의술로도 매우 어려운 일이었기에 아이를 가지게 되면 무조건 낳아 키웠다. 하지만 요즘 세상을 둘러 보자. 시절이 훨씬 더 좋아졌지만 아이를 지우는 일은 허다하다. 문명이 발달하여 아이 하나 유산시키는 일은 간단한 시술의 하나가 되어 버렸다. 마음만 먹으면 단 시간에 한 생명을 없앨 수 있다. 이유 없이 아기를 유산시키는 경우가 어디 있을까마는 옛날에 비해 생명이 경시되고 있다는 생각을 지울 수 없다.

뱃속에서 죽어서 나온 수자령이나 세상에 막 나와 몇 달, 또는 몇 년을 살다 죽은 어린 영혼은 저절로 저승에 가겠거니 생각할 수도 있다. 하지만 그것은 아주 잘못된 생각이다. 어머니 뱃속에서 3개월을 지내고 나면 태아에겐 혼이 존재하기에 엄마에게서 떠나지 않으려 한다.

수자령의 영혼을 체험한 결과 3개월 전의 영혼을 불러도 나타나지 않았으며 3개월 이후의 수자령은 20% 정도 이승에 머물러 있었다. 개월 수가 오래 되었을수록 이승에 연연한다는 뜻이다.

수자령의 영혼이 어머니에게 접신되면 어머니의 자궁 속을 들락날락 거리면서 어머니의 자궁에 병이 생길 수도 있고, 아기집에 접신되면 아기를 갖지 못하는 위험이 따를 수도 있다. 세상 밖으로 나와 다섯 살 안에 죽은 아이라면 엄마의 젖을 먹고 싶어 하며 만지고 싶어 할 것이다. 어린 영혼이 엄마 젖을 빨거나 만지고 싶어 하면 엄마의 젖이 아플 수 있고 심지어는 유방암에 걸릴 수도 있다.

어린 영혼이 아기에게 접신되면 아기가 자주 보채거나 밤마다 잠을 못 자고 우는 경우가 생길 수도 있다. 수자령은 엄마에게 접신될 가능성이 많으나, 일단 세상 밖으로 나와서 죽은 어린 영혼이라면 그 형제들에게도 접신될 수 있다.

어린아이의 영혼이 어른에게 접신될 경우 어른이 사탕이나 과자를 지나치게 좋아하기도 하고 유치한 것을 즐기며 어린아이처럼 행동하기도 한다.

한창 공부에 전념해야 할 학생에게 접신되면 정신에 분열을 일으켜 집중력이 저하되거나 하여, 공부하는데 엄청난 지장을 초래하기도 한다. 영혼의 기가 강렬해질 때는 정신 이상 증세까지 가져올 수 있다. 이런 경우에는 학업을 중단해야 하는 일까지 생길 수 있다.

이렇게 영혼 때문에 고통받는 사람들도 안타깝지만 어린 영혼들을 한번 생각해 보자. 날개를 펼쳐 보지도 못하고 이승에서 못 다한 수많은 날들을 남긴 채 떠나가야 했으니 그 한이 오죽하겠는가. 그러므로 자신이 이승에서 다하지 못한 삶을 영혼으로나마 존재하며 살아가기를 원하는 마음이 강해지는 것이다. 그렇게 어린 영혼이 접신되어 있는 자는 오랜 세월을 그 영혼과 함께 했으므로 뭔가 이상을 느낀다 해도 지병이나 오랜 습관 정도로 여기게 되는 경우도 있을 것이다.

천도재를 하면서 문득 들었던 생각이 어린 영혼에겐 그 슬픔을 위로해 줄 위령제나 제사 같은 것도 없다는 것이었다. 만일 어린아이를 떠나보냈다면 가끔은 그 어린 넋을 위로해 줄 수 있는 무언가가 필요하다는 생각이 들었다.

죽은 줄도 모르는 한 많은 영혼

가족 중의 누군가가 갑작스런 사고로 세상을 떠난다면 이 어찌 억장이 무너질 일이 아니겠는가. 세상이 원망스럽고 원통한 마음을 이루 다 말로 할 수 없을 것이다. 그러나 세월이 흘러면 떠난 빈자리가 익숙해지고 서서히 엷은 그리움으로 가슴에 묻고 살아가기 마련이다. 그렇다면 정작 죽은 자는 어떤 심정일까?

지금 이 순간에도 자신이 숨진 장소에서 죽음을 의식하지 못한 채 몸의 상처로 인한 아픔을 호소하며 사랑하는 가족들을 목놓아 부르고 있을지도 모를 일이다.

이렇게 갑작스런 죽음을 맞이해야만 했던 영혼의 심정을 어느 누가 알겠는가? 내가 겪은 영혼 세계의 체험을 통해 풀어 보기로 하자.

폭우와 심한 천둥번개 속을 걸어 가다 물에 떠내려가거나 벼락을 맞아 죽는 사람도 있고 홍수나 산사태로 인해 압사 당하는 사람들도 있다. 또한 배를 타고 나간 어부가 풍랑을 만나 죽음을 당하는 경우도 있고 낚시꾼이 고기를 낚으려다 거센 파도에 휩쓸려 익사하는 일도 있다. 그리고 불로 인해 죽게 되는 경우 산불이 나서 죽는 사람도 있으며, 가정 안에서 전기 누전 등이 발생하여 불행을 당하는 사람도 있으며, 공장이나 상점 등에서 화재가 발생하여 죽음을 당하는 사람도 있다. 건물이나 집 등이 무너져 내려 변을 당하거나 열차나 지하철, 비행기 등의 사고로 죽는 사람도 있으며 교통사고나 강도의 습격으로 인해 그 자리에서 일시에 죽음을 맞이하는 사람도 있다.

이런 불의의 사고들로 갑자기 죽음을 맞게 되면 목숨을 잃은 사람은 자신이 숨진지조차 모르게 된다. 죽은 사람이 자신이 죽은 줄도 모른다면 어느 누가 믿을까마는 내가 영혼의 실체를 체험했기에 알 수 있는 사실이다.

늙어 병든 사람의 경우 얼마 안 있어 죽음을 맞이할 것이라 예감할 수 있고, 자살을 하는 사람들은 이미 죽으려는 마음을 품고 죽음을 향해 뛰어드는 것이기에 누구보다도 자신의 죽음에 대해 잘 안다. 또한 총에 맞았거나 심하게 구타당해 병원으로 옮겨져 시간이 경과한 뒤에 죽음을 맞게 된다면 자신이 죽는다는 것을 깨닫고 죽어가게 되지만 아차 하는 순간에 무방비 상태로 죽음을 맞아 자신이 죽는다는 것도 인식 못한 채로 숨이 끊어졌다면 그 영혼은 살려고 몸부림치게 된다.

이미 죽은 영혼이 어떻게 아픔을 느끼며 살려고 몸부림친단 말인가. 누구나 이런 의문을 가지겠지만 갑작스럽게 일어난 죽음 앞에서 자신의 아픔과 상처만 생각하게 되므로 자신이 죽었는지조차 모르게 되는 것이다. 예를 들어 운전자가 고속도로를 지나친 속도로 달려 가다가 충돌하여 일시에 죽음을 맞이하였다 하자. 머리가 깨지거나 유리 파편으로 인해 온 몸이 피투성이가 되어서는 자신이 죽은 줄도 모르고 지나가는 차를 향해 살려달라 손짓하면서 차들을 세워보려 애쓸 것이다. 그렇게 되면 지나가는 사람들 중 영혼이 접신되어 있고 그 영혼의 힘이 강한 사람이 이미 죽은 그 피투성이 영혼을 보게 될 것이다. 그 영혼을 발견하고 차를 세우려 할 때 영혼이 갑자기 차에 뛰어들어 버린다면 운전자는 영혼을 피하려다 그 자리에서 죽음을 맞이하게 되고, 똑같은 자리에 또다시 사고가 발생하게 되는 것이다. 그렇게 또 다른 시체에서 영체가 빠져 나오는 것을 보고는 영혼은 자신도 죽었음을 깨닫게 되는 것이다.

한 가지 더 예를 들어보자.

한 여름에 더위를 식히기 위해 바닷가나 계곡 등으로 휴가를 즐기러 가는 사람들이 많다. 이 때 급류에 휩쓸려 사고를 당하거나 물 속에서 심장마비를 일으켜 죽는 불상사가 생길 수 있다. 그러나 수영에도 능숙한 사람이 별 위험한 상황이 아니었음에도 불구하고 물에 빠져 죽었다 하자.

아마도 그 사람이 죽게 된 원인은 그 장소에서 먼저 죽은 영혼이 그 때까지도 자신이 죽은 줄 모르고 계속 그 자리에서 손발을 움직이며 허우적거리고 있다가, 마침 가까이서 수영을 즐기고 있던 그 사람에게 접신되어 있는 영혼을 알아보고는 온 힘을 다하여 그 사람의 육신을 붙잡고 살려달라 애원하며 놓아주지 않았던 것이다. 그런 가운데 그 사람도 함께 허우적거리게 되어 목숨을 잃게 되고 마는 것이다. 위와 같이 죽은 자의 육체에서 영체가 빠져 나오는 것을 보면서 역시 자신의 죽음을 깨닫게 되는 것이다.

위험한 장소에서 죽음을 당하는 경우도 있지만 평범한 장소인데 꼭 그 자리에서 사고가 발생하는 원인을 생각해 보면 위의 예를 통해 알 수 있듯이 갑자기 죽음을 당한 영혼은 자신이 살아 있다는 생각을 하며 아픈 몸과 상처를 어루만지며 누군가가 구해 주기를 기다린다. 자신이 사고를 당했던 장소에서 결국 누군가가 희생됨으로 자신이 영혼이라는 것을 알게 되는 것이다. 자신이 죽었음을 알게 된 영혼들은 미칠 듯이 괴로워하며 결국 가까운 친지들에게 접신되고, 살아 생전의 마음과 행동이 접신된 자에게서 일어나게 되는 것이다. 죽은 영혼이 산 자의 몸에 접신 되어 있다고 해서 영혼의 마음에 맺힌 괴로움과 아픈 상처가 없어지지는 않는다. 그러므로 산 자가 영혼의 상처에 따라 아픔을 그대로 느끼게 되며 기가 많이 약한 자는 우울증에 걸릴 수 있으며 심각한 지경에는 자살도 할 수 있는 것이다.

이렇듯 어디에선가 죽은 줄도 모른 채 살려달라고 애원하고 있는 영혼들이 있다. 이런 영혼들에게는 하루 빨리 마음을 달래고 상처를 치료해 주는 게 가장 시급한 일이다. 그들에게 천도를 통해 죽음을 깨닫게 해 주고,저승으로 인도하여 영혼으로 고통받는 일이 없도록 해야 할 것이다.

영혼이 접신되어 일어난 현상

인간의 태어남도 윤회 고를 거쳐 가능한 것이지만 태어나서도 인간으로서 삶이 업이 되고 그 업이 후손에 미치는 영향은 지나치게 크다. 자신의 뜻과는 상관 없이 가족이나 친지라는 이유로 영혼에 때문에 고통을 받는 사람들이 아주 많다. 그 동안 많은 영혼들을 천도해 오면서 수많은 사람들을 영혼으로 인한 고통에서 벗어날 수 있도록 노력해 왔지만 그러한 사연들을 접할 때마다 참으로 안타까웠다.

죽음을 맞이하는 순간 이승에서의 미련을 떨쳐 버리고 저승으로 드는 사람은 극히 드물다. 그렇기에 영혼으로 떠돌게 되며, 간혹 사람들이 귀신을 봤다는 말까지 나오는 것이다.

언제부턴가 영혼은 우리에게 무서운 존재로 각인 되었고 귀신 이야기를 할 때 등장하는 주인공이 되었다. 심하게는 영혼을 마귀나 악령으로까지 표현하는 이들도 있다. 하지만 이것은 영혼에 대해 깊이 생각하지 않고 함부로 뱉어내는 얘기들이다.

인간의 생명이 천년 만년 지속되는 것은 아니다. 지금 이 순간에도 영혼들은 생전의 애착과 한으로 괴로워하며 누군가의 몸에 접신 되어 원한과 분노를 밖으로 표출하려 애쓰고 있을 것이다. 그러한 영혼으로 인해 많은 사람들이 피해를 입게 되는 것이다. 그렇다면 분야별로 영혼에게 당하게 될 수 있는 피해에 대해 예를 들어보기로 하자.

만일 정치하는 사람에게 영혼이 접신되어 있다면 선거에 출마했을 때는 당선되지 못하도록 가로막을 것이며, 당선 되었어도 병으로 인해 활동을 못하도록 만들 수도 있다. 예술인이나 연예인에게 영혼이 접신되어 있다면 잦은 실수를 자아내게 하여 출세를 막을 수 있으며 설사 유명세를 타고 출세를 했다 하더라도 건강에 이상이 생겨 고통을 당할 수 있다. 교육자에게 영혼이 접신되어 있는 경우 학교에서 불미스런 일이 발생하여 학교를 그만둘 수밖에 없는 불상사가 생길 수 있으며, 의사의 경우 수술할 때 영혼이 정신을 흐리게 하여서 의료 사고를 일으켜 병원을 떠나게 될 수도 있다. 운동선수의 경우 자신의 재능을 살릴 수 없도록 몸을 자주 다치게 된다든지 갑자기 큰 사고로 운동을 포기하게 될 수도 있다. 회사나 가게를 운영하는 사람에게 영혼이 접신되어 있다면 자신의 회사나 공장에서 근무하는 사람들이 일하던 중 다치거나 사망하게 되어 인명 피해가 생길 수도 있으며 가게에서는 이상하게도 손님이 들지 않아 장사를 말아 먹을 수도 있다. 어부나 농부에게 영혼이 접신되어 있다면 농부에게는 농사일에 전념하지 못하게 하고 어부에게는 남보다 고기를 많이 거둬들이지 못하게 하여 의욕을 상실하게 만들 수 있다. 택시기사에게 영혼이 접신되어 있다면 아무리 열심히 일을 해도 자신이 일한 만큼의 수입을 벌어들이지 못하고 잦은 접촉 사고로 때문에 손해를 입을 수 있으며, 몸이 지쳐 있는 날엔 사고의 위험에서 자유롭지 못하게 된다. 그 밖에 여러 분야에서 자신이 하고자 하는 일이 영혼으로 인해 가로막히는 예들이 무척 많다. 그러면 도대체 영혼은 어떻게 사람의 정신을 흐리게 하고 실수를 자아내게 하는 등 피해를 주는 것일까?

기가 약한 사람은 영혼이 접신되면 영혼의 마음, 행동, 습관, 병으로 인해 몸이 무거운 증세가 나타나며, 정신이 흐려지면서 자신이 하지 않았던 이상한 행동을 보이게 된다. 그리고 죽은자와 똑같은 병을 갖게 될 수도 있다. 이상을 느끼고 병원에 찾아 가지만 병명이 뚜렷이 나오지 않을 뿐더러 신경성으로 진단하는 경우가 많다. 기가 강한 사람이라도 항상 건강한 것은 아니다. 일에 지쳐 몸이 피곤해지면 자신의 몸에 접신되어 있는 영혼의 힘이 자신보다 더 강해져 아차 하는 순간에 정신이 흐트러지면서 실수를 하게 되거나 몸을 다치게 될 수 있다. 장시간 비행기를 타고 여행을 한다거나 오랜 시간 운전을 하게 될 때, 술을 많이 마셨을 때 등을 예로 들 수 있겠다.

그렇다면 이번에는 어떻게 영혼에 의해서 장사나 사업 등에 실패하게 될 수 있는지를 알아보도록 하자. 어떻게 죽은 영혼이냐에 따라 다르겠지만 영혼이 접신되면 그 영혼의 인상이나 마음, 행동 등이 자신도 모르게 배어 나오게 된다. 예를 들어 죽임을 당한 영혼이나 자살한 영혼 등, 한이 많은 영혼은 접신된 자에게 생전에 조금이라도 섭섭함을 가지고 있었다면 분명 그 섭섭함을 나타내기 위해 좋지 않은 인상을 풍기게 되는 것이다. 그러므로 만일 자신이 사업상 일로 중요한 사람을 만나 이야기를 나누게 된다면 영혼의 작용에 의해 상대방에게 좋은 인상을 심어주지 못하게 되고, 중요한 순간에 말실수를 하거나 불순한 행동을 하여 일을 그르치게 될 수 도 있는 것이다.

가게를 운영하고 있는 사람이라면 손님이 가게에서 물건을 사려다가 주인이 풍기는 인상을 보고는 그냥 나가버리는 경우가 생길 수 있다. 이런 경우 역시 영혼이 접신되어 자신에게 나쁜 인상을 심어놓아 생기는 현상으로, 손님들에게 거부감을 일으키거나 장사를 하는 중에 손님에게 좋지 못한 언행을 하거나 화를 내게 될 수 있다. 그것은 장사꾼에게는 치명적인 것으로 손님들은 자연히 발길을 돌리게 된다. 또한 접신된 자의 몸에서 영혼이 잠시 빠져 나와 손님으로 들어오는 사람의 시야까지 흐려지게 만들어 가게에서 내쫓아 버리는 경우도 생길 수 있다. 인간의 60%는 몸에 영혼이 접신되어 있다. 반 이상이 영혼에게 접신되어 있는 것이다. 만일 가게 주인과 손님 두 사람 모두에게 영혼이 접신되어 있는 상태일 때, 영혼과 영혼끼리 부딪혀 불쾌감을 느끼거나 한다면 접신된 자는 영혼의 작용에 의해서 마음이 흔들리며 가게에 들어서자마자 나가버리는 경우가 생길 수 있다. 이렇듯 영혼의 나쁜 작용들로 인해 사업이 실패를 부르게 되거나 장사도 운이 따라주지 않게 되는 것이다.

누구나 자신이 하는 일이 잘 안 되거나 몸이 자주 아프거나 할 때 왜 이럴까 하고 의문이 생기는 게 사실이다. 그것이 영혼에 의한 현상이라 짐작하기는 쉽지 않겠지만 만약 그런 생각이 든다면 자신의 조상이나 가족들 중 세상을 떠난 영혼들을 돌아보면 뭔가 그려지지 않을까?

예를 들어 부모님 살아 계실 때 자식이 불효하여 부모가 자식에게 서운한 마음을 품고 세상을 떠났다면 얼마 지나지 않아 잘 풀리던 일이 꼬이면서 재수가 없어지며 몸마저 다치는 불상사가 생길 수 있다.

억울하게 죽어갔거나 원한에 쌓인 영혼의 마음으로 인해 사람들을 죽음에까지 이르게 하는 것이 영혼의 세계인 것이다. 육체가 없는 이상 친인척의 몸에 접신되어 자신의 원을 풀려하는 영혼들을 보면서, 영혼의 세계를 모르고서 피해를 당할 수도 있지만 알고서도 어쩔 수 없이 피해를 입게 된다는 것이 참 안타까웠다.

잘 알지 못하는 영혼이 우리 몸에 접신되어 있는 경우도 많다. 예를 들어 일제 때 징용 끌려갔던 할아버지 형제, 탄광이나 노무자로 일하다 죽은 조상, 6 · 25 때 전사한 조상 등 아주 많았고 그들 모두 갈 곳이 없어 인척이라는 이유로 접신되어 있는 것이다.

집안이 편안하지 못하고 자꾸 안 좋은 일이 발생하면 사람들은 상심하여 무당이나 절, 점성가 등을 찾게 된다. 그렇게 안 좋은 일들을 만들어서라도 영혼은 자신을 알려 마음에 남은 원을 풀고 싶어 하고 후손들은 비로소 조상을 돌

아보며 천도재나 굿을 통해 영혼을 기리며 헤아릴 수 있게
되는 것이라 볼 수 있다.

영혼이 접신되어 일어난 현상들을 예를 들어 살펴보기로
하자.

이들은 내가 부산 만덕동의 포교원에 있을 때 천도재에
임하고 영험을 본 사람들이다.

우선 부산 사하구에서 공장을 운영하고 있는 임해봉이라
는 사람의 이야기를 먼저 해볼까 한다. 그가 운영하고 있는
공장에서는 이상하게도 잦은 사고로 공장 근로자들이 손을
다치거나 손가락이 잘려나가는 일이 자주 발생하고 있다
했다. 주변에 같은 종류의 일을 하는 공장에선 아주 가끔
일어나는 일인데 기묘하게도 자신의 공장에서만 그러한 불
상사가 속출하고 있음에 마음이 편치 않아 나를 찾아왔다
고 했다.

나는 그의 부탁으로 공장으로 직접 찾아가서 기를 모아
본 결과 공장 안에 한 남자의 영혼이 있다는 것을 알게 되
었다. 이러한 경우 공장이 들어서기 전에 그 자리에서 숨진
사람이 있었거나 그 공장에서 일하다가 목숨을 잃은 사람
이 있다거나 하여 생긴 현상일 수 있다. 공장이 들어서기
전 그 자리에서 숨진 사람의 영혼이라면 자신이 죽었던 자
리에 공장이 침범했다는 이유로 영혼이 공장 안을 떠돌며
사고를 유발하는 것일 수 있으며, 공장에서 일하다 목숨을
잃은 영혼이라면 그 한으로 인해 공장 안의 기계 등에 접신
되어 있다가 순간적으로 근로자들의 시야를 흐리게 하며
사고를 유발하는 것일 수도 있다. 이런 경우 천도재를 해

주면 영혼이 크게 감정을 가지고 있는 것은 아니므로 피해를 막을 수 있는 것이다.

그는 천도재를 부탁했고 공장의 이름으로 천도재를 하고 난 다음부터는 별다른 사고 없이 공장이 제 자리를 찾았다.

또 다른 예로 경남 진주에서 택시 영업을 하고 있는 한 상택 씨의 이야기이다.

어머니께서 치매로 세상을 떠나신 지 얼마 되지 않았는데 꿈에서 어머니의 모습을 자주 보았다 한다. 아침에 일어나 부인에게 간밤 꿈에 어머니를 본 얘기를 하며 나설 채비를 하는데, 부인이 어디선가 소금을 들고 와서는 자신의 몸에다 뿌려대며 잡기를 쫓아내듯 자신을 손으로 마구 때리더라는 것이었다. 신기하게도 그 이후부터 어머님이 꿈에 나타나지 않게 되었는데, 그 후로 이상하게 택시에 장거리 손님도 없고 단거리 손님마저 예전보다 줄어들어 하루에 맞추어야 할 돈이 부족하게 되는 지경에까지 이르렀다고 한다.

꿈에 어머니가 자주 나타났다는 것은 어머니의 영혼이 저승엘 들지 못했다는 것인데, 부인이 자신의 몸에다 소금을 뿌린 후에 어머니가 꿈에 나타나지 않았다는 것을 보면 영혼이 구천을 떠다니다가 소금을 뿌린 며느리의 모습에 노하여 아들의 몸에 접신되어 버린 것이라 할 수 있다.

이 사람의 경우에도 내 얘기에 수긍하고 선뜻 천도재를 지내겠다 했으며, 천도 후에 다시 예전대로 모든 일들이 제 자리를 찾을 수 있었다.

마지막으로 경남 통영에서 어부 일을 하고 있는 진필한

이라는 사람의 이야기이다.

그와 부인 사이에는 의견 충돌이 심하여 사소한 싸움이 잦았는데, 심하게 싸우고 난 어느 날, 성격이 급한 부인이 술에 취해 늦은 밤에 들어 왔다 한다. 그 모습을 보고 화가 난 그는 상스러운 욕으로 부인을 질책했는데, 술이 취한 상태에서 흥분한 부인이 이리저리 주위를 살피더니 어딘가에서 제초제를 들고 와서는 다시 한번 욕을 하면 그것을 마시고 죽어버린다고 협박하더라는 것이다. 서둘러 빼앗아 버렸으면 될 것을 설마 마시기야 하겠나 싶어 버럭 소리를 지르며 욕을 했더니 흥분한 부인이 진짜로 제초제를 마셔버린 것이었다. 급하게 병원으로 옮겼으나 며칠을 못 넘기고 부인은 숨을 거두었다.

생전에 부인이 스님께 부탁하여 자신을 좋은 곳으로 인도해 달라고 말한 적이 있기에 부인의 원대로 해 주어야지 생각은 하면서도, 차마 다른 사람들에게 자초지종을 알리기가 부끄러워 차일피일 미루고 있었다 했다. 그런데 부인이 죽기 전까지는 고기를 잡으러 나가면 운이 따르는 편이어서 남들보다 많은 양의 고기를 잡아 올리곤 했었는데, 부인이 죽은 그 후부터는 이상하게도 영 고기가 잡히지 않더라는 것이었다.

이런 경우 생전의 유언을 들어주지 않아 한이 맺힌 부인의 영혼이 자신에게 접신되어 다른 사람이 그물을 쳐 놓고 고기를 건진 자리에다 다시 그물을 치게 하여 고기를 잡지 못하도록 하는 것이다.

그는 나와 인연이 되어 천도재에 임하게 되었다. 천도재를 지내고 난 후로는 전처럼 많은 고기들을 잡을 수 있었으며 조금씩 마음의 안정을 찾아가며 조용히 살아가고 있다고 한다.

이렇듯 영혼들은 자신들이 제대로 된 대접을 받게 되기까지 사람들에게 고통을 안겨준다. 사람들은 영혼의 현상에 의한 것인지도 모른 채 건강과 재산의 피해를 당할 수 있기에 한번쯤은 조상을 위하여 천도재를 지내는 것이 참다운 일이라 생각하며, 회사나 공장, 가게 등 이유 없이 사고가 자주 발생하거나 운이 따르지 않을 때 한번쯤 천도재를 통해서 영혼을 위해 축원을 드리며 기도해 주는 것이 자신에게 복을 가지고 오는 것이다.

2부

영혼의 실체

관법으로 알아보는 운명

나의 운명은 앞으로 어떻게 펼쳐질까?
나는 무엇을 하며 어떻게 살아가야 할까?
내 실패의 요인은 무엇이며
성공으로 이르는 길은 무엇일까?
나는 영혼에게 고통받고 있을까?

주소와 이름 생년월일만 알면 얼굴을 대하지 않고도 통신상으로 관법을 통해 자신의 운명을 알아볼 수 있다.

투명한 유리도 닦지 않고 놓아둔 채 세월이 흐르면 먼지가 쌓여 앞이 보이지 않는다. 하지만 매일 먼지를 털어 내고 깨끗이 닦아주면 그 투명함을 유지하며 시야를 환히 비춰 보인다. 인간의 지혜 또한 이와 같다. 현생만을 쫓아서 희로애락에 마음이 뒤엉켜 있으면 지혜를 볼 수 있는 마음의 눈은 흐려지기 마련이다. 그러나 이러한 집착에서 벗어나 참된 생각들로 마음을 다스릴 줄 아는 이들은 남을 위해 봉사할 줄 알며 지혜를 보는 눈이 깊어지게 된다. 그렇기에 마음 공부에 열중하는 수행자들은 오랜 세월 동안 하나 둘 쌓아온 지혜로움으로 혜안이 트이게 되는 것이다.

혜안이란 지혜를 볼 수 있는 눈을 가리키며 도를 이룬 이들은 투명한 혜안으로 안목이 생겨 앞을 내다볼 수 있게 된다. 이를 통해 사람들의 운명을 예견하기도 하는 것이다. 도를 이룬 승려들에게서 이러한 깨달음이 자주 비춰나지만 그들은 물 흐르듯 본분을 지키며 지혜를 쌓아가고자 하는 이들에게 자신들이 얻은 깨달음을 스스로 터득할 수 있도록 안내자의 역할을 해 준다.

한평생 수행자로서 살아가는 승려들에게 주어진 길이란, 자신이 도를 깨우쳐 얻은 깨달음을 전하여 많은 이들에게 지혜의 문을 열어주는 삶이 아닐까 생각해 보며 나 또한 많은 사람들을 대하며 고달픈 인간사에 작은 길잡이라도 되어야겠다는 생각을 다시금 하게 된다.

선승이 되어 부처를 이루고자 하는 스님, 부처님의 말씀을 널리 전하는 스님, 기도로 얻어진 신통력으로 중생의 마음에 고뇌를 풀어주려는 스님 등 그들 모두 자신의 깨달음을 열어 사람들에게 이로움을 주려한다는 것에서 같은 뜻을 가지고 있다. 나는 지장 보살님께 드린 기도를 통해 중생에게 이로움을 줄 수 있는 능력을 가질 수 있도록 해 달라며 기원했었고 그것이 영혼들의 모습을 속속들이 볼 수 있는 능력으로 이어져 이렇듯 영혼의 실상을 알게 되었고, 또 하나 작은 지혜를 얻어 관법을 통해 인간의 운명을 꿰뚫어 볼 수 있게 되었다.

관법이란 하나의 생각을 바로 하여 그것을 꿰뚫고 마음에다 견주어 일치시키는 것이라 할 수 있다.

인간의 운명이란 전생에 자신이 무슨 일을 했고 선업과 악업을 얼마나 지었느냐에 따라 정해진다. 또한 현생에 자신이 좋아했던 일이 내생에서도 이어지며 현생에서의 선업과 악업을 쌓은 것을 통해 내생의 부유함과 가난함이 정해지는 것이다.

전생과 현생의 이어짐을 아는 듯 옛 어른들은 이런 얘기들을 빗대어 팔자타령도 많이 했었다. 부유하게 사는 사람에게는 저 이는 전생에 무슨 덕을 그리도 많이 쌓아 저렇게 호의호식하며 살아 가나 하며 부러워하는가 하면 가난하고 애태울 일이 많은 사람은 내가 전생에 무슨 죄를 그리 많이 지었기에 팔자를 이렇게 타고났을까 하며 자신의 신세를 한탄하기도 했다.

또한 현생에 덕을 많이 베풀며 착하게 살아갔던 사람이 세상을 뜨면 저 사람 죽어서도 좋은 곳에 갈거라며 애도를 표하고 남에게 나쁜 짓을 일삼다 세상을 뜨게 된 이에게는 천벌을 받아 마땅하다며 죽어서도 좋은데 들지 못할 것이란 망발을 하기도 했다. 이처럼 인간의 사주팔자란 자신이 지은 업으로 정해지며 그것이 이어져 내생의 사주팔자가 되는 것이다.

타고난 사주팔자를 알면 가야할 길을 제대로 알 수 있게 되어 자신이 흥미를 느끼는 일이 적성에 맞는 일이었음을 알게 되고, 그 분야에서 재능을 마음껏 발휘할 수 있게 된다. 그렇게 나아갈 바를 알아 열심히 노력하여 성공에 이를 수 있게 되는 것이다. 그러나 적성에 맞지 않는 일을 끌어 안고 있을 경우 흥미도 없을 뿐 아니라 잠재력이 따라 주지 않아 중도에 포기하게 되고 실패가 따라올 수밖에 없을 것이다.

이 세상에는 수많은 사람들이 있으며 그들에게 주어진 다양한 분야의 일들이 수없이 펼쳐져 있다. 이렇게 많은 사람들이 적재적소에 배치되어 자신의 꿈을 마음껏 펼칠 수 있다면 한층 더 보람된 삶을 영위할 수 있을 것이다. 그러기 위해서 내가 무엇을 통해 어떻게 살아 가야 하는지를 알고 새로운 일에 도전한다면 모두에게 보다 나은 삶이 이루어지지 않을까 생각한다.

성공하는 비결

인간으로서 성공할 수 있는 가장 기본적인 요건이란 말과 행동을 잘 다스리는 것에서부터 비롯된다. 말 한 마디로 천냥 빚을 갚는다는 속담이 있는 반면 말을 잘못하여 업을 짓게 되는 경우도 있다. 그래서 불교에서는 입으로 업을 짓지 말라 하였다. 실수로 뱉은 말 한 마디가 남의 마음을 상하게 하고 지나친 욕설이 싸움을 자아내게 하는 것이다.

말 많은 사람 치고 실속이 없다는 말이 있듯이 지나치게 말을 많이 하는 사람은 가벼운 인상을 심어 준다. 항상 자신의 의견을 너무 앞세워 말하기보다는 남의 얘기를 귀담아 들어주는 것이 바람직하다. 남의 말을 무시하고 자신의 얘기만을 떠벌린다면 값어치를 떨어뜨리는 행위밖에 되지 않는다. 말이란 서로 주고받는 것으로, 말하고자 하는 사람이 자신의 진실한 마음을 보여줄 때 들어주는 사람도 귀담아 듣게 되는 것이다.

또한 본인이 없는 틈을 타 그 사람을 이간질하는 태도 역

시 삼가야 한다. 상대방이 무언가 잘못했을 경우 본인에게
직접 잘못된 점을 지적해 주는 것이 바람직하다. 한번 뱉은
말은 주워 담을 수 없기에 함부로 말을 뱉고 후회하는 일이
없도록 주의해야 한다.

흔히 농담을 자연스럽게 하는데 농담도 한 두 마디라 했
다. 좋지 못한 농담이 지나쳐 싸움이 될 수도 있고, 평소 지
나치게 농담을 하여 진지하게 말하고 있는 부분까지 상대
방이 농담으로 받아들일 수도 있는 것이다. 긴장을 풀어주
는 간단한 조크는 필요한 법이지만 너무 지나친 농담은 삼
가야 한다.

그리고 중요한 것이 거짓말을 해서는 안 된다. 거짓말은
한두 번 하다보면 익숙해져 자꾸 거짓을 일삼게 된다. 물론
선의의 거짓말이라 하여 때론 좋은 의미의 거짓말이 필요
할 때도 있지만 자신의 이익을 위해 남을 속이는 행위는 용
서받을 수 없는 것이다. 거짓은 언제가 되었든 밝혀지기 마
련이다. 좀 더 나아가 거짓을 팔아 제 아무리 성공을 거두
었다 한들 양심이 존재하는 한 떳떳하지 못한 일로 거둔 성
공은 마음 깊은 곳까지 행복하게 하지 못한다. 사람 사이에
서 진실이란 것은 절대적으로 중요한 것이다.

다음으로 욕을 삼가야 한다. 욕은 습관성이 되며 욕을 잘
하는 사람 치고 점잖은 사람은 찾아볼 수 없다. 아무리 화
가 나서 시비가 붙어도 상대에게 지나친 욕설은 삼가야 한
다. 평소 좋았던 이미지도 불쑥 튀어나온 욕설로 자신을 깎
아 내리게 된다는 것을 늘 상기해야 한다.

함부로 반말을 하지 말아야 한다. 아무리 자신보다 아랫

사람이라 할지라도 반말로 깔아뭉개는 식의 말투는 바람직하지 않다. 비록 나이 차이가 많이 난다 해도 올바른 언행으로 존중해주면 아랫사람도 자신을 존경의 대상으로 바라보게 되는 것이다. 음식점이나 술집 등에서 반말과 거친 말투로 종업원을 대하는 사람들은 우리의 눈살을 찌푸리게 한다. 이렇듯 어디를 가든 자신의 인품은 묻어나기 마련인 것이다.

마지막으로 남의 말꼬리를 잡고 늘어지지 말아야 한다. 상대방의 말에 맞대응하며 끝까지 굽히지 않은 채 말꼬리를 물고 늘어지는 것은 결국엔 싸움을 유발하게 되며 좋지 못한 언사로 서로를 껄끄럽게 만들 수 있다. 지는 게 이기는 것이란 말이 있듯이 상대에게 굽힐 줄 아는 자세가 필요하다.

여기까지 말을 통해 빚어질 수 있는 문제들 중 몇 가지 우리가 삼가야 할 것들을 알아보았다. 좋지 못한 말 한 마디가 자신의 일을 그르치게 할 수도 있으며, 제대로 된 말 한 마디가 행운을 가져다 줄 수도 있다는 것을 명심해야 한다.

이제부터 사람이 성공하기 위해 필요한 마음가짐과 자세에 대해서 알아보도록 하자.

우선 첫째, 진실한 마음을 기본 가짐으로 해야 한다. 마음이 늘 한결같아야 한다는 말이 있지만 인간의 마음이란 것이 환경에 따라서 자주 변화하게 되며 갈팡질팡 할 수 있기에 한결같기란 쉽지 않은 법이다.

자신에게 이득이 있다 여겨질 때는 금방 그 쪽으로 쏠리고 이득이 없다 싶으면 금방 내팽개치는 얄팍한 심사를 띠고 있는 이들이 우리 주변엔 종종 발견되곤 한다. 남을 이용할 만큼 이용하다 더 이상 필요치 않게 될 때 가차없이 내쳐버리는 배신 행위는 언젠가 자신이 약해졌을 때 다른 이에게서 되돌려 받는 악행으로 거듭난다는 사실을 알아야 한다.

불교에서는 자비를 강조하고 있는데 자비란 사랑하며 불쌍히 여긴다는 의미이다. 이처럼 한결같은 마음으로 자비의 미덕을 실천하며 겸손하게 인생을 살아 간다면 모든 사람들이 진실한 마음으로 우러러보게 되는 것이다.

둘째, 모든 사람에게 평등해야 한다. 평등 무차별이란 말이 있듯이 인간은 누구나 평등해야 하며 차별 받아서는 안 된다. 비록 상대가 자신보다 배움이 부족하고 가진 게 없다 해도 결코 업신여기거나 힘으로 압도하면 안 된다. 자신보다 약해 보이는 사람이면 더욱 더 존중해 주고 위축되지 않도록 보호해주는 세심한 배려가 진정 아름다운 자세인 것이다. 그런 마음씀씀이 하나 하나가 덕을 쌓는 길이기도 하다. 그러므로 성격이 급하고 좁은 마음의 소유자들은 항상 마음자리를 넓히려 노력해야 한다. 타고난 성품을 고치기란 쉽지 않은 일이지만 인간이기에 자신의 마음도 채찍질하여 다스릴 수 있어야 하는 것이다.

셋째, 올바른 행동을 하는 게 중요하다. 요즘 세상에는 사기꾼이나 도둑들이 득실거리고 약한 여자들을 상대로 성추행을 일삼는 파렴치한들도 많다. 그런 행동들은 한번 시작하면 상습적으로 계속하여 나중에는 사회에서 매장 당하는 불상사를 초래한다. 이러한 악행을 저지르는 이들은 마음이 삐뚤어져 있다는 증거이다. 마음이 삐뚤어져 있으니 행동도 그에 맞게 될 수밖에 없는 것 아니겠는가?

항상 이로운 일에 행동이 달려갈 수 있도록 마음이 가는 길을 올바르게 닦아나가야 할 것이다. 모든 상황에서 거짓 없이 행할 수 있을 때 자신을 믿고 따르는 자들도 많아지는 법이다.

마지막으로 가족이 화목해야 한다. 옛날과 다르게 이 시대를 살아가는 사람들에 이혼이란 단어가 참으로 익숙해져 있는 듯 하다. 사업 실패나 경제적인 이유로 이혼에 이르는 경우도 있고, 부부간의 성격 차이나 불륜 등의 사유로 이혼하게 되는 경우도 허다하다. 이혼이란 한 가정이 파괴되고 함께 살던 부부가 하루아침에 남남으로 돌아서게 되는 참으로 가슴아픈 일이다. 그 마음의 상처는 깨끗이 치유되지 않고 가슴 한 구석에 늘 앙금처럼 남아 있기 마련이다.

옛말에 하늘이 무너져도 솟아날 구멍은 있다 했다. 인간에겐 이 세상에 태어나 일생에 세 번 기회가 주어진다 한다. 사업에 실패하고 일자리를 잃어 살아갈 일이 막막하다 해도 부부가 힘을 합쳐 살길을 찾으려 애쓴다면 어딘가에 희망의 빛은 보이는 법이다. 서로 위로해 가며 재기할 수 있는 길을 찾으려 해야지 상황만 비관하며 서로를 탓한다면 결국엔 가정에 대한 책임을 회피한 채 이혼을 선택하거나 더한 경우 현실에서 벗어나려 아이들을 버리고 집을 나가버리는 상황까지 벌어지게 된다.

부부간의 성격 차이가 이혼 사유로 가장 많을 듯 한데 이를 통해서도 알 수 있듯이 인간이기에 자존심이 다치는 것을 견뎌내기란 많은 인내심을 필요로 하는 일일 것이다. 그러므로 부부간에 서로의 자존심을 건드리는 말을 삼가하며 가족사이에 해도 심한 말로 서로 상처를 주지 않도록 조심해야 한다.

이런 사소한 갈등이 쌓여 서로를 외롭게 하고 마음이 떠나 가게 되는 것이다. 가정을 멀리하다 보면 다른 곳에 눈 돌리게 될 것이고 급기야 불륜의 수렁 속으로 빠져드는 경우까지 생길 수 있다. 서로 한 뼘만 더 마음을 넓혀 이해한다면 야기되지 않을 문제들임에도 불구하고 사람에겐 쉽지 않은 과제임에 분명하다.

요즘 속가에서는 겉모습에 치중하여 사람을 평가하는 것만 같아 참 안타깝다. 모두 그런 것은 아니겠지만 마음이 조금 뒤쳐져 가는 것만은 사실인 듯하다. 가장 소중한 알맹이를 빼버린 채 겉모습의 아름다움에 취해 결혼을 하는 경우도 잦아지고 있으니 결혼이란 현실 속으로 들어오는 순간 많은 갈등을 겪으며 도저히 견디지 못하고 이혼에까지 이르게 되는 일들이 많을 수밖에 없다.

내가 서울 목동의 포교원에 있을 때이다. 오십 대 후반쯤으로 보이는 여자 분이 자신의 딸과 함께 나를 찾아왔다.

"어떻게 오셨습니까?"

"저희 딸 결혼 문제 때문에 이렇게 스님을 뵈러 왔습니다. 저희 딸 참 예쁘지 않습니까? 스님."

그녀는 내 앞으로 사진 한 장을 내밀면서 말했다.

"딸애와 결혼시키는 사람인데 저희 딸에 비하면 인물이
좀 빠지는 듯해 스님께 한번 여쭤 보고 마음을 정하려고 찾
아 왔습니다."

"남자 분은 무슨 일을 하시는 분인가요?"

"얼마 전까지 대기업에서 근무하다가 지금은 직접 회사
를 차려 무역업을 하고 있지요. 하지만 아직은 걸음마 단계
입니다."

"따님은 무슨 일을 하십니까?"

"저희 딸은 대한항공에서 스튜어디스로 일합니다. 스님
이 보시기에 어떻습니까? 저희 딸과 맞지 않는 게 아닐까
요?"

생년월일과 이름을 묻고 난 뒤 남자의 사진을 보고 관을
해 보았는데, 앞으로의 길이 훤히 뚫려있는 것이 사십이 지
나면 사업이 크게 번창할 운이었다. 다음으로 딸의 운명을
보았더니 놀랍게도 결혼에 실패하거나 첩이 될 팔자였다.

"보살님, 이 사람과 꼭 결혼을 시키십시오. 앞으로 이 사
람은 사업이 크게 번창할 운입니다. 따님을 이 사람에게 시
집보내면 아주 행복하게 잘 살 것입니다."

나는 딸의 운명을 그대로 일러줄 수 없어 그렇게만 얘기
하고 말았다. 그리고 사람의 겉모습에 비중을 두는 듯한 그
들에게 무언가 이야기를 해 주고 싶어 생각 끝에 입을 열었
다.

"보살님, 사람들은 예쁜 곳이 한 군데도 없습니다."

내가 그 말을 불쑥 던지자 두 모녀는 의아한 눈으로 나를
쳐다보았다.

"눈에는 눈물, 코에는 콧물, 입에는 침이 고이고 소변과
대변 어디 하나 깨끗한 곳이 없지요. 육체가 피고름 주머니
인데 드러난 부분이 남보다 낫다하여 그것으로 잘나고 못
난 것을 따진다는 것이 얼마나 어리석은 일입니까? 인간의
아름다움은 마음에 있습니다. 평생을 함께 할 사람인데 내
면을 중요하게 여기셔야 합니다."

나는 그렇게 이야기하고 그들을 보냈다. 작은 예일 수 있
지만 마음 가꾸는 일이 소홀해지고 있는 현실에 안타까운
마음이 들었다.

부부간에 이혼을 생각하게 될 때 가장 눈에 밟히는 것이
아이들일 것이다. 부모의 짧은 생각으로 자식들에게까지
평생 그늘을 드리우지 말아야 한다. 좋은 인연으로 만나서
서로 존중해 주며 한평생을 함께 살아가는 것, 어찌 보면
가장 평범한 얘기이기도 하지만 어떤 이들에게는 무척 어
려운 일일지도 모른다. 하지만 가정의 화목이 모든 성공의
밑거름이 된다는 걸 명심하고 이해와 사랑 속에서 윤택한
삶을 이루도록 노력해야 하겠다.

사십구재와 천도재의 의미

사십구재란 불교 의식의 하나로서 망자를 사후 세계로 인도하는 일종의 제사이다. 불교에서는 인간이 죽으면 사십 구일 동안 중음신이 되어 구천을 떠돈다 했고 사십 구일이 되는 날 자신의 생전의 선업과 악업에 따라 재판을 받는다 했다. 그리하여 망자의 갈 길이 정해지는 날이라고도 한다. 그러나 내가 영혼의 세계를 체험하면서 알게 된 것은 사십구재를 지냈어도 저승에 들지 못하는 영혼이 너무나 많다는 사실이다.

그러면 천도재란 무엇인가? 천도재란 단 시간에 망자를 사후 세계로 인도하는 제사이다. 사십구재나 천도재 모두 의식의 절차는 같다고 할 수 있으나 사십구재가 오랜 시간을 두고 망자를 사후 세계로 인도하려는 의식이라면 천도재는 사십구재를 하지 못한 사람들로 하여금 뒤늦게라도 망자를 생각하는 마음으로 지내는 제사라 할 수 있다. 또한 사십구재는 의식과 절차에 따라 빠짐없이 행하는 반면에 천도재는 의식과 절차를 간소하게 줄여서 행한다 할 수 있다. 사십구재나 천도재의 의식은 비슷하지만 사십구재는 영혼의 마음에 쌓인 한을 오랜 시간 달래준다고 한다면 천도재는 사십구재에 비해 단 시간에 치러진다 할 수 있다.

사십구재와 천도재의 의식을 살펴보면 그 날에 의식을 갖게 되는 영가를 위해서만이 아니라 그 영가를 주축으로 하되 먼저 세상을 떠난 천도자의 조상이나 친척까지도 초청하는 의식으로 되어 있다. 사십구재나 천도재의 의식에서 스님이 염불을 할 때 대부분의 스님들은 많은 영가들을 불러 시식에 임하게 해 준다. 상차림을 준비해 놓고 영가를 부를 때 저승에 들지 못하고 윤회하지 못한 영혼들은 사바세계의 예법 대로 조상의 위아래를 구분하여 질서 정연하게 앉는 모습을 볼 수 있다. 만약 염불을 하는 스님이나 그 날 천도재를 지내는 천도자가 어떤 영가를 빠뜨리게 되는 경우 그 영가는 밖에서 서성대기만 할 뿐 절대 함부로 들어오지 못하는 모습도 볼 수 있었다. 이를 통해 사람은 초대 받지 못했어도 잔칫집에 들어와 음식을 얻어먹을 수 있지만 영가는 불러주지 않을 때는 들어오지도 못한다는 걸 알 수 있었다. 그러므로 그 날 천도자나 염불하시는 스님은 영가를 빠짐없이 챙겨 반드시 위패를 제상 위에 올려야 한다.

사십구재의 시식편을 살펴보면 염불하기 전에 관욕이라 하여 영혼을 목욕시키고 옷을 입히는 의식을 먼저 치르게 된다. 절에서 관욕을 할 때 병풍을 쳐서 사람이 그 병풍 안을 보지 못하도록 하며 사람을 나타내는 형상을 만들어 병풍 안에다 붙인다. 그렇게 붙여 놓으면 영체는 그 위에 접신된다. 그리고 대야에 물을 떠놓고 수건과 옷가지와 신발을 그 안에 놓고 수건으로 대야에 있는 물을 적셔 사람의 형상을 나타내는 그림에다 갖다대며 목욕을 시키고 옷과 신발을 입히는 의식을 치르게 된다. 이와 같이 관욕은 스님이 하나 하나 주문을 외우며 영가를 움직이게 만들면 영가는 주문에 따라 목욕을 하고 옷을 입고 신발을 신게 되며 영혼의 몸과 마음은 청결해지는 것이다.

앞에서도 말했듯이 사람이 일순간에 죽음을 맞으면 자신이 죽은 줄도 모르는 영혼이 있다. 이렇게 갑작스레 죽은 영혼에게 사십구재나 천도재는 얼마나 필요한가. 이런 영혼들은 제상을 차려놓고 스님이 영혼을 부르는 찰나에 당도한다. 죽은 줄도 모르고 있던 영혼은 자신의 조상이나 가족, 친지 등 죽은 자들의 모습을 보면서 자신도 이 세상 사람이 아님을 깨닫는 것이다. 갑작스레 죽은 영혼들 중 몸에 상처를 입고 피를 많이 흘린 영혼이라면 그 아픔으로 정신을 차리지 못한다. 이 때 관욕으로 피투성이인 몸을 깨끗이 씻어주고 옷을 갈아 입혀 줌으로써 영혼의 모습은 정갈해지는 것이다.

하지만 관욕을 해 주어도 상처로 인한 아픔까지 없어지지는 않는다. 그래서 생각 끝에 관욕을 할 때 사람의 형상을 나타내는 그림에다 직접 약을 발라 주었더니 정신을 차리는 모습을 볼 수 있었다. 상처 난 영혼의 치유를 경험했기에 상처 난 영혼에게는 그 부위에 약을 발라주어야 아픔이 가실 수 있음을 알게 되었다. 관욕을 한 영가가 깨끗한 차림으로 나오는 것을 보면서 관욕이 얼마나 중요한 것인가를 새삼 깨달을 수 있었다.

이렇게 관욕이 끝나면 병풍을 치우고 그 날의 주인공인 망자와 천도자의 조상, 가족, 친척 등의 위패가 모셔져 있는 제상 앞에서 스님의 시식 염불이 시작된다.

질서 정연하게 앉아 있는 영가들은 스님의 염불을 경청하며 조용히 있다가 먹는 진언을 외우자 순식간에 음식을 먹기 시작하는데, 사십구재나 천도재를 가끔 지냈던 집안의 조상은 수저나 젓가락을 들고 여유 있게 먹는 모습을 볼 수 있었으며 이런 의식들이 처음인 집안의 조상들은 음식을 급하게 집어 먹는 바람에 제사상이 지저분해지기도 했다.

마지막으로 밖으로 나가 회양 진언을 외우며 위패와 옷과 신발을 태워보내는데 영가가 그 옷과 신발을 입고 있는 모습을 볼 수 있었다.

저승에서 온 영가는 곧장 하늘로 승천하는 것을 볼 수 있었고 이승의 한과 업이 풀리지 않은 영가는 다시 돌아서서 저승길에 오르지 않는 모습도 볼 수 있었다.

관욕과 시식을 해 주면서 저승길로 인도하였는데도 이승에 미련을 버리지 못하고 돌아서 버리는 영혼은 왜 그런 것일까? 나는 영혼의 세계를 살피며 영혼에 대한 생각에 깊이 빠져 보았다.

인간은 많게는 백년까지도 이승에 머물다 간다. 옛날에는 우리 나라가 가난하여 굶주리고 사는 이들이 많았다. 이런 이유로 배고픔이 한이 되어 저승에 들지 못하는 영혼들도 많이 볼 수 있었다. 이들에게는 자주 음식을 대접해 주면 그 한이 풀릴 것이며 자신의 재산에 대한 탐욕 때문에 저승에 들지 못한 영혼은 저승길로 인도하는 천도재를 할 때 저승돈을 준비하여 태워 보내주면 되지 않을까 싶었다. 그리고 다섯 살 안에 세상을 떠난 영혼이나 수자령은 엄마 젖을 많이 그리워할 것이므로 젖병 등을 태워주고 다섯 살 넘어 열 살 안에 세상을 떠난 영가에게는 그 나이 때 가지고 놀 장난감과 사탕이나 과자 등을 태워 보내 주면 좋을 거라는 생각이 들었다.

사람들이 생각할 때 물건을 태워 주면 정말 저승까지 가지고 가게 되는 것일까 하는 의문이 들것이다. 내가 생각하기로 병풍 안에서 관욕을 할 때도 사람 형체의 그림에 영체가 와서 붙는 것은 자신의 영체가 기댈 곳이 없음으로 그 형상을 알아보고는 관욕을 하게 된 것이라 생각하며, 영혼의 세계에서는 직접적으로 음식을 먹지 않더라도 영체로서 음식을 섭취하게 되는 것이기에 물건을 태워 보내주는 것 역시 그 물건의 형체를 가지고 가는 것이라 생각한다.

살해당해 죽은 영가나 자살한 영가들처럼 마음에 분노와 원한이 깊은 영가는 한 번의 천도재를 해 주어도 저승으로 가지 않는다는 것을 알게 되었다. 그러나 한 번의 천도재를 통해 망자에게 관욕을 해 주고 스님의 진언으로 시식하게 해 준 뒤 저승이나 극락 세계를 발원해 주는 것은 망자들에게 편히 저승에 들 수 있게 인연을 만들어 주는 아주 중요한 의식이라 볼 수 있다. 그것은 길을 모르는 사람에게 길을 가르쳐 주는 것처럼, 자신이 언제든지 가고 싶을 때 저승에 들 수 있도록 하는 역할을 해 주는 것이다.

사십구재나 천도재가 끝나고도 스님과 천도자가 저승에 들지 않은 망자를 위해 많은 시간과 노력으로 기도해 주면 망자가 이승에 남은 한을 풀고 저승에 들 수 있다.

부처님의 법을 전해 주는 일을 하시는 분도 스님이시고, 망자에게 이승의 한이 가시도록 설법을 해 주시는 분도 스님이시다. 스님이 아닌 다른 이가 사십구재나 천도재의 의식을 해 주어 망자가 저승으로 인도된다는 것은 불가능하다. 그것은 길을 모르는 사람에게 제대로 주소를 가르쳐 주지 않고 무조건 가라는 것이나 다를 바가 없는 것이다.

더러는 제사나 잘 지내주면 되지 하는 마음으로 사십구재나 천도재를 가볍게 여기는 사람들도 많이 있을 것이다. 그러나 자기 집안의 조상이나 죽은 영혼이 어떻게 세상을 떠나갔느냐에 따라 집안이 평탄할 수도 악운이 따를 수도 있다는 것을 잘 안다면 사십구재나 천도재가 가지는 의미는 아주 크다고 할 수 있다.

나의 기도

백일기도를 마치고 난 후 부산에 머무르며 천도재를 하게 되었을 때 내가 영혼을 부르면 천도재를 많이 해 주지 않았던 집안에서는 접신된 사람의 친할아버지가 아님에도 친할아버지라 하며 나타나는 영혼이 있었으며 백부가 아버지라 하며 나타나거나 사촌 형제가 친형제라 하며 나타나기도 했다. 그것은 다른 영혼들보다 빨리 대접받기 위해서이며 자신의 원을 빨리 이루기 위해 영혼이 거짓말을 하는 게 아닌가 한다. 배가 고픈 것이 한이 되었는지 쌀밥과 고깃국을 원하는 영혼도 있었으며 헐벗은 영혼들은 옷을 달라 하기도 했다. 과자나 과일을 원하는 영혼이 있는가 하면 생전의 술이 그리운 영혼들은 술을 달라고 원하기도 했다. 먹고 입는 것이야 천도하면서 제상에 차려주거나 태워주면 되지만 타인이나 가족에 의해 살해되었거나 자살을 한 영혼의 원한과 분노는 무척 깊어서 그 마음을 달래주기 위해 천도하는 시간이 너무 짧다는 것을 느끼게 되었다.

피투성이로 죽음을 맞이한 영혼은 천도재에서도 피투성이인 채로 들어오는 것을 볼 수 있었으며 물에 빠져 죽은 영혼은 오한으로 벌벌 떨고 있는 것을 볼 수 있었다. 불에 타 죽은 영혼은 온 몸에 끔찍한 화상을 입은 채로 들어왔으며 다리가 부러진 영혼은 절뚝거리며 들어오는 모습도 볼 수 있었다. 이러한 영혼들의 마음의 애착과 눈물과 상처와 한, 분노를 보면서 어떻게 해야 이들을 저승으로 인도할 수 있는 가를 알게 되었다.

또한 각양 각색의 영혼들을 끊임없이 보아온 나는 영혼들의 처참한 모습에 마음이 동요되기도 하면서 그 아픔을 함께 느끼며 가끔은 사바세계에서 벗어나 영계에 살고 있다는 착각까지 들기도 했다. 수많은 천도재를 치르며 일 년이 조금 지난 어느 날 천도재를 하기 위해 상차림을 마련해 놓고 시식 염불을 하려는데 내 눈에 보여야 할 영혼들의 모습이 보이질 않는 것이다. 뭔가 이상하게 생각된 나는 마음속으로 영혼들을 계속해서 불러보았지만 여전히 보이질 않고 있었다. 어쩔 수 없이 준비되어 있는 제사상을 바라보며 마음으로 영혼들을 인도하고 천도재를 끝냈다. 그렇게 천도자를 보내고 그날 밤 기도를 하며 잠이 들었는데 꿈에서 낮에 있었던 천도재의 광경이 그대로 재현되는 것이었다. 영혼들이 시식하는 모습, 천도재 끝나고 밖으로 나와 회양을 하는 모습이 보이면서 저승을 떠나는 영혼과 떠나지 않는 영혼들의 모습이 보이며 나는 꿈에서 깨어났다. 꿈에서 깨어 한참 동안 생각에 젖어 있다 문득 이런 생각이 떠올랐다.

일년 동안 많은 천도재로 인해 각양각색의 영혼의 실체를 보아 왔고 그 영혼들에 젖어 내 자신의 마음에도 심하게 변화가 찾아와 심신이 심각하게 피로한 상태에 이르렀음을 느꼈다. 이러한 상태로 더 많은 영혼들을 본다면 수많은 영혼들을 저승으로 인도하는 일을 중단하는 위기까지 몰릴 수 있다고 생각하고 나를 보호하고자 하는 마음이 강하게 일어나서 순간적으로 그런 현상이 나타난 것이란 생각이 들었다. 그렇게 생각하니 모든 상황이 이해가 되었다.

그렇게 천도재를 하면서 경험하게 되는 것들이 하나씩 늘어가고 있었다. 천도재를 통해 크게 의문을 가지게 했던 것이 내가 기도할 때 꿈속에 나타난 지장 보살께서 삼십 삼천이란 것의 의미를 심어 주신 연유에 대한 것이었다. 나는 거기에 의문의 수수께끼 같은 것이 숨어 있음을 천도재를 통해 느끼게 되었는데 천도재를 하고 회양을 할 때 생전의 업이 다한 영혼은 가는 길을 가르쳐 주면 그 길로 떠나갔지만 이승에 애착이 많은 영혼은 저승에 들지 않는 것을 보고 생각을 거듭하게 되었다. 불교에선 하늘을 가리켜 삼십 삼천이 존재한다 했다. 또한 삼십 삼천을 가리키는 분은 제석 천왕이시다. 나는 내 백일기도에 대한 영능력은 어쩌면 이 수수께끼같은 삼십 삼천에 있을 것이라 생각하며 아침에 쇠 종이 삼십 삼천을 가리키며 서른 세 번에 걸쳐 하늘을 향해 울리듯 정월 초하루 종각에서도 서른 세 번을 울린다는 것을 생각하며 삼십 삼이란 숫자를 떠올려 계속 생각한 끝에 지혜를 깨닫게 되었다. 저승에 들지 못한 영혼들을 위해 삼십 삼천을 가르쳐 주며 그들을 위해 삼십 삼일 간을 기도해 주자. 그래서 나는 천도자들에게 천도재를 한번에 끝내지 말고 천도재를 하는 날로부터 삼십 삼일간 영혼들을 위해 지장기도를 해 주기를 부탁하였다. 이로서 스님은 영혼을 위해 안내자의 역할을 수행하는 것이며, 천도자들은 영혼의 마음을 깊이 위로해 줄 수 있는 동시에 집안의 안정을 위한 기원을 할 수 있는 것이다.

천도를 하고 삼십 삼일의 기도가 끝나면 영혼에게 간단한 시식과 의식을 행해 보았는데 저승에 들지 못하고 돌아서 버린 영혼들은 스님의 회양진언과 함께 하늘로 솟구쳐 올라가는 것을 볼 수 있었다. 이와 같은 영혼들을 보면서 천도재와 사십구제만으로 영혼이 저승에 들지 않는다는 것을 알게 되었으며 정성스런 기도가 필요하다는 것을 깨우치게 되었다. 그리고 기도를 할 때에 그 날 천도를 해 준 영혼뿐만 아니라 그 집안의 윗대부터 아랫대까지 저승에 들지 못한 영혼들을 위해 기도해야 한다. 그래야 집안에 우환이 발생하지 않으며 그 집안에 영혼이 접신되지 않을 수 있다.

나는 이처럼 영혼이 저승으로 들 수 있는 것이 천도재 때문만이 아니라는 것을 알았고 정성이 깃 든 기도 속에서 구천을 떠도는 영혼들이 완전히 저승으로 인도될 수 있음을 알았다. 그렇게 하여 나는 일년에 한 번씩 삼십 삼천에 알리며 하늘의 왕이신 제석천왕께 제사를 지내 드리게 되었다.

그렇게 천도재와 기도를 마치고 천도자들의 꿈에는 영혼이 나타나게 되는 경우가 많았다. 대부분 영혼이 어딘 가로 떠나는 꿈, 하늘로 올라가는 꿈을 꾸는 천도자들이 많았지만 때로는 영혼에게 심한 욕설을 듣는 꿈을 꾸는 이들도 있었다. 천도재로 인해 가고 싶었던 저승을 가게 된 영혼들은 말없이 떠나갔지만, 가기 싫어도 천도자와 나의 기도로 인해 저승에 들게 된 영혼들은 꿈속에서도 그 좋지 않은 마음을 나타내며 사라져 가는 것이라 볼 수 있었다.

이렇듯 기도의 힘은 영혼과 자신의 가정에도 평화를 가져다 준다 하겠다.

남자에겐 조상이 접신되고
여자에겐 친정쪽이 접신된다

　부모나 형제들이 세상을 떠나면 저승에 들지 못하고 이승에 남아 자신에게 접신될 수 있다. 그러나 자신이 잘 알지 못하는 영혼이 접신되어 있는 경우도 참으로 많았다. 집안의 조상이라도 다 알고 있을 수는 없는 법이다.

　여자의 경우 혼인을 한 것과 관계 없이 친정 쪽의 영혼이 접신되어 있는 걸 볼 수 있었다. 천도재를 할 때도 남자의 경우 자신의 조상 쪽으로 천도를 하지만 여자의 경우 좋지 않은 일이 생겨 천도를 하게 될 때 시가 쪽으로 천도를 하는 경우가 있다. 그러나 천도재를 통해 알게 된 것이지만 시가 쪽으로 천도를 하면 핏줄로 따지자면 시가와 특별히 관계가 없기 때문에 별로 도움이 되지 못한다.

　또한 내가 12년 동안 영혼의 세계를 체험해 오면서 영혼이 저승에 들지 못하고 이승에 머문 기간을 살펴보니 사 오십 년은 예사였으며 길게는 백 년 동안이나 이승에 머물러 있었던 것을 알 수 있었다. 백 년 이상 이승에 머물러 있는 영혼은 극히 드문 예였다. 그리고 우리 인간의 60%는 육신에 영혼이 접신되어 있었으며 천도재를 통해 그 동안 약 십만 명의 영혼이 저승으로 인도되었음을 알 수 있었다.

저승에 들지 못하고 이승에 머물고 있는 영혼을 살펴보면 젊은 나이에 세상을 등진 영혼일수록 이승에 애착이 많아 저승에 들지 못한 채 떠돌고 있는 경우가 많았다.

남자의 경우 자신의 조상이나 인척들이 접신되어 있지만 여자의 경우도 시집을 온 것과 상관없이 친정 쪽의 조상이나 가족 등이 접신되어 있었다. 아무래도 친정 쪽에 더 애착이 많고 친정에서 이미 영혼이 접신된 상태로 시집을 올 수도 있는 것이기 때문일 것이다. 그리고 결혼을 한 뒤 친정에서 보낸 삶보다 시집에서 보낸 삶이 더 짧았다면 죽어서 그 영혼이 친정 쪽으로 돌아간다 볼 수 있다. 시집에서 보낸 삶이 더 길었다 하더라도 친정쪽에 애착이 강하면 같은 피인 친정의 가족이나 인척에게 접신 된다는 것을 알 수 있었다. 하지만 남편과 자식이 먼저 세상을 떠나고 자신의 몸에 접신되는 것은 살과 피를 나눈 가족이기에 당연한 것이라 볼 수 있다.

남자에게 접신되어 있는 영혼을 보면 고조나 증조, 조부모, 부모, 형제나 자매, 아들이나 딸, 손자 등이 접신될 수 있으며 생각지도 않은 영혼이 접신되어 있는 경우도 많았다. 윗대의 어른이 첩을 들여 산 경우 그 첩이 죽어 접신될 수 있으며 피를 나눈 사이이기에 그 첩의 자식까지도 접신될 수 있다.

여자의 경우 친정의 윗대 조상이나 부모, 형제나 자매가 접신되어 있었으며 외할아버지나 외할머니, 외삼촌, 이모 등 외가 쪽으로 많이 접신되어 있는 것을 볼 수 있었다. 어째서 외가 쪽의 영혼이 많이 접신되어 있을까 하겠지만 이미 어머니가 시집을 오기 전에 친정에서 영혼이 접신된 상태로 왔으므로 이 영혼이 어머니로부터 딸에게 옮겨가 접신될 수 있다는 것을 알게 되었다.

또한 특별한 경우 남자라도 어려서 부모를 잃고 외가에서의 삶이 많았다면 외할아버지나 외할머니가 접신될 수 있으며, 비록 피 한 방울 섞이지 않은 사이라 할지라도 입양되어 양자로 키워졌다면 양부모나 형제가 접신될 수 있다. 절친한 친구나 열렬히 사랑했던 사람이 죽어서 자신의 몸에 접신되는 경우도 있다.

영매자의 실체

세계 어느 곳이나 영매자는 존재하며 사람들은 영매자를 따르며 신앙처럼 받들기도 한다. 우리 나라에서는 예로부터 무당이나 성황당 등이 있었으나 그 시절엔 무녀나 박수들을 천하게 여겼다. 신들린 사람이라 하여 온전하게 봐 주질 않았던 것이다.

누구든지 신내림을 받고 싶은 사람은 없을 것이다. 피할 수 없는 숙명으로 인해 거부하지 못하고 살아갈 수밖에 없는 게 그들의 삶이다.

영매자들을 보면 남자보다는 여자가 더 많은 것을 알 수 있다. 그것은 남자보다 여자의 기가 약하기 때문이며, 영혼 또한 살아 생전의 말과 행동을 표출하기 위하여 기가 약한 여자들을 택하게 되는 것이다. 남자의 경우 비교적 기가 강하므로 영혼 자신이 하고픈 말이나 행동을 펼치기엔 시간이 오래 걸린다.

무당이나 박수들의 경우는 영혼이 이미 접신 상태를 넘

어서 몸에 안치된 상태라 볼 수 있다. 여기서 안치되었다 함은 영혼과 대화를 나눌 수 있을 정도라 생각하면 된다. 영혼이 육신에 접신된 상태에서 그 육신의 기를 내려뜨리려 하기 때문에 영혼이 접신되어 있는 이들의 몸은 무거움을 느껴 쉽게 지치게 되므로 자주 누워 있고 싶어진다. 그리고 영혼의 마음과 자신의 마음이 뒤섞여 타인이 보면 무척 변덕스럽다고 느낄 정도로 횡설수설할 수 있고, 행동 역시 평소의 행동과는 다르게 영혼이 움직이는 행동에 따라가게 된다. 또한 영혼의 농간으로 식욕을 잃는 경우가 생기기도 하는데, 이처럼 먹지 못한 채 기가 더욱 약해지면 영혼은 몸 속 깊숙이 안치하게 된다.

영혼이 안치된 상태에서 기가 쇠퇴하면, 귀에서는 영혼의 목소리가 들리며 서로 교류가 이루어져 대화가 가능해지게 된다.

그렇게 자신에게 안치되어 있는 영혼의 눈을 통하여 영혼이 접신되어 있는지 없는지를 볼 수 있게 되며, 영혼과 대화를 나눌 수 있는 능력으로 인해 영매로서의 역할을 할 수 있게 되는 것이다. 또한 영혼에게는 자신이 안치된 육신을 빌어 생전의 한을 풀 수 있는 계기를 마련하게 되는 것이라 볼 수 있다.

이렇게 영혼이 몸에 안치되어 신기를 가지게 되면 몸과 마음으로부터 고통을 받는 것은 피할 수 없는 일이다. 그러므로 반드시 신단을 만들어 영혼을 그 곳에 기거할 수 있도록 해 주어야 한다. 일단 신단을 만들어 주면 영혼이 지친 육신에서 빠져나가 위패나 탱화에 안치함으로써 몸이 한결 가벼워지며 조금은 편안한 상태로 돌아오게 된다.

본래 영매의 역할이란 몸에 이상을 느끼고 찾아온 사람에게 영혼이 접신되어 있을 때, 자신의 몸에 안치된 영혼과의 교류를 통해 또 다른 영혼의 마음 속 한을 알아내고 쌓인 한을 달래주는 역할을 하는 것이다. 영매자는 굿을 통하여 영혼의 원을 들어주는 일이 얼마나 어려운 일인지를 깨닫게 된다. 몇 번의 굿을 하고서도 영혼의 한은 쉽게 풀어지지 않기 때문이다. 원을 성취하지 못한 영혼은 자신이 접신되어 있는 자의 육신을 더욱 더 혹사시키기도 한다.

신내림을 받아 점을 봐주는 사람 중에는 신기하게도 잘 알아 맞추는 사람이 있는가 하면 그렇지 못한 사람도 있다. 그것은 자신의 몸에 안치되어 있는 영혼이 전생에 어떤 사람이었느냐에 따라 다를 수 있다. 안치되어 있는 영혼이 생전에 똑똑한 두뇌를 가진 영혼이었다면 어느 정도 그 영향력이 작용한 덕분이기도 할 것이다. 영혼이 점잖은 성품을 가지고 있다면 평소 자신이 그렇지 않다 하더라도 점잖은 행동을 취하게 된다. 또한 행동이 거칠고 무식한 영혼이 안치되어 있다면 점괘도 잘 맞지 않을 가능성이 높고 좋지 못한 언행으로 안치된 사람에게 피해만 주게 될 수도 있다. 또한 어린아이의 영혼이 안치되어 있다면 어린아이처럼 말하거나 행동하게 되기도 한다. 어린아이의 영혼은 잘 토라지기도 하여 과자나 장난감으로 달래가며 도움을 청하기도 한다. 그래서 무녀들의 신단 위에는 칼이나 장군 복장, 과자나 장난감 등이 올려져 있는 것이다.

신을 모시는 이들은 자신이 할아버지를 모시고 있는 경

우 천상에서 대감이 내려왔다 말하며 할머니를 모시는 경우에는 천상에서 대신 할머니가 내려왔다 한다. 젊은 낭군을 모시는 경우엔 장군이라 칭하며 처녀나 어린 여자아이를 모시고 있으면 선녀라 칭한다.

어떤 이들을 보면 자신의 조상신들을 모시면서 부처님이나 보살, 대사를 같이 모시고 있는 모습을 볼 수 있다. 한 술 더 떠 부처님 오신 날에 등불까지 밝히며 자신의 신당에서 축원을 기도하기 위한 접수까지 받는 예가 있다. 진정 마음으로 받들며 기도하기 위해 부처님을 모시는 것이라면 참다운 일이지만, 부처님의 명호를 앞세워 자신의 이익을 챙기는 행위를 하고 있다면 도덕적으로 신성한 종교에 먹칠을 하는 일이 아닐 수 없다. 지금은 자신에게 이익을 가져다줄지 몰라도 내생에 업이 되어 스스로 죄를 받는 행위인 것을 깨달아야 할 것이다.

신을 모시고 있는 이들은 영혼들이 사는 세계를 가리켜 천상의 세계라 한다. 그러나 그 곳은 구천의 세계 혹은 허공의 세계라 일컬어진다. 그 곳은 구천을 떠도는 영혼들이 인간 세계와 더불어 넘나드는 영혼의 세계라 볼 수 있다. 그 세계에도 사람 사는 세상과 별 다를 바 없이 대궐 같은 기와집이 보이기도 하고, 조그마한 초가집도 눈에 들어온다. 사람들이 바쁘게 움직이는 모습과 선비의 청렴한 자태, 아낙네와 아이들의 순박한 웃음이 있다. 높은 산 아래를 따라 청정한 냇물이 흐르는 자연의 모습도 있다.

이 세계는 인간 세계와 언제든지 교류가 이루어질 수 있는 세계이므로, 인간 세계에서 영혼을 부르는 즉시 영혼이

116

알아듣고 모습을 나타내는 일이 가능하다. 영혼이 사람의 몸에 접신되어 있다가도 빛처럼 빠른 속도로 왔다 갔다 할 수 있는 세계이다.

무당들이 신으로 모시고 있는 영혼들도 역시 저승에 들지 못한 영혼들이다. 그러나 영혼과의 대화가 이루어지기 때문에 영매의 역할은 가능하다 볼 수 있다. 하지만 자신의 몸에 안치되어 있는 영혼조차도 저승에 들지 못하고 한을 풀기 위해 자신의 육신을 빌어 이승에 머물고 있는 영혼이니, 영혼을 저승으로 인도하는 일이란 그들의 능력 밖의 일임을 알 수 있다. 그들이 지내는 굿이란 것은 그저 영혼들에게 정성어린 대접이라도 한번 해 주어 마음의 원을 풀어주는 것에 지나지 않는 것이다.

무녀와 박수들을 살펴보면 신장대라는 것을 사용하여 굿을 하는 모습을 볼 수 있는데, 대를 잡았을 때 저절로 몸이 흔들리는 사람은 신이 몸에 실려 있는 것이라 했으며 대를 잡았을 때 저절로 몸이 흔들리지 않는 사람은 신이 실려 있지 않았다 했다. 정확히 알아본다면 대를 잡아 몸이 흔들리는 사람은 영혼이 몸에 실렸을 때 자신의 힘보다 영혼의 힘이 더 강함을 나타내는 것이며, 대를 잡아 몸이 흔들리지 않은 사람은 영혼이 몸에 접신되어 있어도 기가 강한 사람이라 흔들리지 않는 것이다.

무당 집에 무당 난다는 옛말이 있다. 이처럼 무당이나 박수가 되어 살아가는 사람들은 집안 내력으로 인해 무거운 짐을 짊어지고 가는 사람들이 많다. 영혼이 몸에 접신되어 육신에 안치되고 말문을 트기까지 몸과 마음에 고통이 따르는 것은 물론이고 내림을 받아들이기 전에도 이들에게 주어지는 시련은 더할 수 없이 크다.

영혼이 점지한 사람은 내림을 받지 않을 시에 하고자 하는 일들이 모조리 뜻대로 따라 주지 않는다. 마치 주어진 운명을 받아들이라는 영혼의 경고와도 같은 것이기에 영혼의 몸부림을 견디다 못해 결국엔 받아들이고 마는 것이다.

꽃처럼 피어나는 젊은 나이에 무당이나 박수가 되어 사람들의 운명과 영혼의 남겨진 한을 들여다보며 살아가는 그들을 생각하니 안타까운 마음이 든다. 인간이 생전의 탐욕을 버리지 못해 죽어서까지 산 자의 몸과 마음에 고통을 가져다 준다 생각하니 하루하루 마음 비우는 일을 조금씩이라도 실천하여 탐욕과 집착을 줄이며 살아가야겠단 생각이 든다.

살생의 과오

옛날 가난한 사람들은 먹을 것이 부족하여 초근 목피로 근근히 살아가는 사람들도 있었으며 끼니를 제대로 챙겨 먹지 못해 영양실조로 죽어 가는 사람도 많았다. 그러나 현시대를 살아가는 사람들에겐 이런 일들이 이미 먼 나라의 얘기가 되어 버린 지 오래이며 끼니 걱정하는 사람들은 그다지 많이 찾아볼 수 없다. 이렇듯 좋은 음식과 물질이 넘치는 시대에 우리는 살고 있다.

더불어 몸에 좋은 것이라면 무엇이든 가리지 않는 요즘 세상에선 짐승들의 수난 시대라고 해도 과언이 아닐 정도로 이 곳 저 곳에서 살생이 공공연히 이루어지고 있는 것이다.

내가 토굴에 있던 어느날이었다. 산길을 걷고 있는데 어디선가 "탕!" 하고 총성이 들려 왔다. 총소리가 난 쪽으로 걸어가고 있는데 두 사람이 내 쪽으로 걸어오고 있었다. 가까이 다가온 그들을 자세히 보니 두 사람 중 한 사람은 총을 메고 있었다. 그리고 한 사람의 등뒤에는 꿩이 한 마리 매달려 있었다. 나를 지나치며 두 사람이 하는 얘기가 겨우 한 마리로 누구 코에다 부치겠냐며 저 쪽으로 가서 몇 마리 더 잡아 가지고 가자는 것이었다. 그 얘기를 듣는 순간 저들은 스스로 업을 짓고 있는지도 모르고 있구나 하는 생각에 마음이 쓸쓸해져 왔다. 사람들 중에는 덫을 놓아 짐승을 잡아 먹는 사람이 있는가 하면 아예 밀렵으로 짐승을 잡아다가 팔아서 생계를 유지하는 사람들도 있으니 그런 소식들을 접할 때마다 그 많은 업을 도대체 어찌 감당하려 하나 싶어 안타까울 따름이다.

대부분 사람들은 동물이나 미물의 영혼 따위는 아예 생각해 본 적도 없거나 하찮게 여기겠지만 동물이나 미물들에게도 엄연히 우리와 마찬가지로 영혼이 존재하고 있다는 것을 인식해야 할 필요가 있다.

내가 체험한 영혼의 세계를 통해 동물이나 미물의 영혼도 사람의 몸에 접신된다는 것을 알 수 있었다. 살아 있는 짐승을 많이 죽였거나 잡아먹었다면 꿈에 죽은 짐승의 혼백이 자주 나타나기도 한다. 부인이 아이를 가졌을 때 짐승을 잡아먹거나 했을 경우 그 짐승의 혼백이 뱃속의 아이에게 접신될 수도 있다.

짐승도 죽음을 당하게 되면 자신의 원한을 갚고자 한다. 기가 강한 사람에게는 영혼이 접신되어도 잘 느끼지 못하기 때문에 그럴 경우 동물이나 미물의 영혼들은 자신이 죽음을 당한 자의 후손들에게 접신될 수도 있으며, 기가 약한 어린아이에게 접신 되는 경우가 많다. 영혼이 접신된 그 후

손은 아버지나 할아버지가 한 살생의 죄업으로 인하여 몸
이 온전하지 못하게 태어나든지 평생 들어 보지 못한 병에
걸려 오랜 세월 고통받게 되는 예가 많은데 여기 그러한 사
례가 하나 있다.

　내가 목동의 포교원에 있을 때의 얘기다. 사십 세 가까워
보이는 여성이 중학생쯤 되는 아들과 함께 나를 찾아왔다.
자리에 앉아 아이를 쳐다보고 있자니 아이가 계속 혓바닥
을 내밀고 있는 것을 알 수 있었다.

　“스님, 우리 아이는 몇 개월 동안이나 저렇게 혓바닥을
내밀고 있습니다. 도무지 영문을 알 수가 없어 답답한 나머
지 이렇게 스님을 찾아왔습니다.”

　어머니의 얘기를 듣고 아이의 혀를 자세히 보니 얼마나
혀를 많이 내밀었는지 혀에 피가 맺힌 것이 그 고통이 말이
아니겠다 싶었다. 그러니 음식을 제대로 먹지도 못하여 우
유나 음료만을 겨우 섭취하며 지내고 있다 했다. 학업도 중
단한 채 병원이나 소문난 의원을 찾아다녀 보아도 다들 원
인을 알 수가 없다는 말뿐이었다고 한다. 기를 모아 그 아
이의 조상들을 더듬어 보았다. 하지만 그 아이에게 접신 되
어 있는 영혼은 조상들의 영혼이 아니었다. 아이를 계속 살
피며 마음속에 관을 하여 보았다. 그러면서 혓바닥을 한번
씩 내미는 모습을 지켜보는데 마치 그 모양새가 뱀을 연상
케 하는 것이었다. 문득 떠오르는 생각이 뱀의 영혼일지도
모른다는 느낌이 거였다. 다시 마음을 모아 뱀의 영혼을 불
러보았더니 신호가 오고 있었다.

　‘아, 이것은 뱀의 영혼이구나.’

나는 아이의 어머니에게 물었다.

"혹시 집안에서 누가 뱀을 잡아먹은 일이 있습니까?"

"네. 스님. 애 아빠가 작년 여름 휴가 때 계룡산에 올라갔다가 뱀을 잡아 먹은 일이 있습니다."

"역시 그렇군요. 저 아이에게 그 뱀의 혼백이 씌었습니다. 뱀의 영혼 때문에 마치 뱀과 같은 모습으로 저렇게 혓바닥을 내밀고 있는 것입니다."

"그 말을 듣고 보니 정말 그런 것 같군요. 제가 아무리 혀를 내밀지 못하도록 말려도 멈춰지지가 않았는데 그런 이유가 숨어 있을 줄은 꿈에도 몰랐습니다. 스님, 그렇다면 이 일을 어떻게 해야 합니까?"

아이의 어머니는 울먹이며 내게 괴로움을 토로하고 있었다.

"보살님, 일단 조상을 위해서 천도재를 하시고 뱀의 혼백을 달래기 위해 뱀이 먹는 음식을 장만하여 따로 상을 차려 주는 게 좋겠습니다."

그렇게 뱀을 위한 상차림을 따로 마련하여 천도재를 지냈다. 그리고 아이의 어머니에게 하루도 빠짐없이 기도하라고 당부하며 나 역시 매일매일 기도에 주력하였다. 얼마나 지독한 뱀이었던지 일 년이란 세월이 지나서야 아이의 꿈에 나타났고 그 때서야 아이의 몸으로부터 빠져 나와 하늘로 승천하더란 소식을 접할 수 있었다. 그렇게 꾸준한 기도의 힘으로 지금은 아이가 고통에서 벗어나 정상적인 학교 생활을 하며 살아갈 수 있게 되었다.

한 사람의 예를 더 들어보기로 하자.

부산 금정산을 오르다 보면 도로 가에 허름한 집 한 채가
자리잡고 있다. 주말이 되면 그 집 앞마당은 사람들로 매우
붐빈다. 그 집은 오리와 닭을 잡아 그 자리에서 요리하여
주는 작은 음식점을 하고 있었다. 바로 아래 절이 있기에
그 집 앞을 자주 지나게 되어 그 집 사람들과 인사를 나누
며 지내는 사이였다. 몇 년 전에 남편이 죽고 지금은 아주
머니 혼자서 장사를 하며 아이들을 키워가고 있었다. 안타
깝게도 이 집 아이들은 모두 말을 못하는 농아들이었다.

생전에 남편이 살아 있을 적에는 부인을 대신해 남편이
닭이나 오리를 잡아서 칼질을 하는 모습을 자주 볼 수 있었
다.

그 집 남편이 세상을 뜰 무렵의 일이었다. 이상하게도 그
집 앞을 지나칠 때마다 사람의 모습이 보이질 않는 것이었
다. 이제 장사를 그만 하려고 집을 팔아버렸을까 생각하며
궁금해하고 있는데, 한 열흘쯤 지나니 그 집 아주머니와 아
이들의 모습이 보였다. 무언가 분위기가 어둡기 그지없었
다. 분명 좋지 않은 일이 있는 듯해 아주머니에게 다가가
말을 건넸다.

"오래 집을 비우시더니 무슨 일이라도 있습니까?"

"애들 아버지가 세상을 떠났답니다."

"아니, 어떻게 갑자기 그렇게 되셨습니까?"

"알고 보니 후두암이었습니다."

침통한 표정으로 앉아 있던 그녀는 내 물음에 다시 감정
이 복받쳐오는지 오열을 하였다. 나는 그녀를 위로하고 돌
아오면서 왜 저 가정에 자꾸 불운이 따르는 것일까 생각했

다. 거듭 생각해 보니 하루에도 수많은 오리와 닭의 목을
비틀어 살생을 했던 그녀의 남편에게 오리와 닭의 영혼이
접신 되어 있었을지도 모르겠다는 생각이 들었다. 오리와
닭들이 목이 졸려 죽음을 당했기에 남편도 목이 후두암에
걸려 세상을 뜬 것이 아닌가 싶었다. 그리고 그의 자식들에
게도 생각이 미치자 아이들이 어미 뱃속에 있을 때도 계속
살생을 해서 그 짐승의 영혼이 아이들에게 접신되어 말을
못하는 장애를 가지고 태어나게 된 것이 아닐까 생각하는
생각이 들었다.

남편이 죽은 지 일 년이 지난 어느 날, 지나가다 그녀와
마주치게 되었다.

"스님, 저희 남편처럼 저도 요즘 목이 아픈 것이 증세가
이상합니다."

그녀는 걱정스러운 듯 내게 얘기했다. 미루어 짐작해 보
니 후두암으로 죽은 남편의 영혼이 접신되어 일어난 현상
인 것 같았다. 꾸준히 기도하라는 충고를 하고 헤어졌지만
안타깝게도 천도재의 기회는 주어지지 않았다.

마구잡이로 짐승을 밀렵하였든 생계를 위하여 어쩔 수
없이 죽이게 되었든 살생은 살생이다. 동물도 덩치가 큰 것
일수록 영혼의 힘이 강하여 사람의 몸에 접신될 확률이 높
으며, 그렇게 영혼이 끼치는 영향으로 불시에 사고를 당하
여 죽음을 맞이할 수도 있다. 또한 꼭 본인이 아니더라도
살생을 많이 한 집안에는 그 업보가 쌓여 후손들에게 신체
적으로나 정신적으로 악운이 겹칠 수 있다. 부득이하게 살
아가기 위한 수단으로 살생을 해야만 하는 일을 하고 있다

면 자신이 저지른 과오를 생각하면 그 영혼들을 달래기 위해 간단하게라도 마음을 담아 의식을 치러 주는 것이 좋은 일이라 생각된다.

우리 모두에게 살생은 업을 쌓아 자신의 명을 단축시키고, 후손에게도 악영향을 미칠 수 있는 것임을 되새기며 살생을 저지르지 않도록 해야 할 것이다.

고사의 중요성

옛날 어른들의 지혜 중에는 참으로 본받을 점들이 많다. 특별한 날에 고사를 지내는 풍습만 보아도 그렇다. 동물이나 미물들은 신을 모시고 대접할 수 없지만 오직 인간만이 신을 생각하며 받들어 모실 수 있다. 그리고 그런 풍습들은 지금까지 이어져 내려오고 있다.

고사를 지내는 의미는 가정의 평안과 번창을 위해 신들에게 대접하여 시식을 하게 해주는데 의의가 있다. 지방에 따라 그 특색은 조금씩 다르지만 대표적으로 정월대보름날 고사를 많이 지낸다. 한 해가 정월부터 시작되기 때문에 보름달이 환히 비추는 때에 어두운 곳에서 우리를 지켜보고 계시는 신들도 밝은 곳으로 나와 시식하라는 의미가 아니었을까 생각한다.

땅에는 지신이 있다해서 대부분 집이나 공장 등 새로운 건물을 짓기 전에 지신에게 고사를 지내게 된다. 또한 그 건물이 완공되고 나서도 고사를 지내는 모습을 볼 수 있다.

땅에는 지신도 있지만 또한 영혼이 존재하고 있을 수 있다. 사람이나 동물, 미물이 그 땅에서 죽음을 당했을 때 그 영체들이 그 곳에 머무르고 있을 수 있기 때문이다. 만약의 경우 묘지가 오래되면서 그 형체를 잃어 묘지인지조차 식별하기 어렵게 되고, 그 곳에 영혼이 존재하고 있는 상태에서 고사조차 지내지 않고 그 땅을 밀어버린다면 영혼은 자신이 머무를 곳이 없어져 분노하며 산 자에게 화를 가하게 될 수 있다.

한 가지 예를 들어보자.

어느 산간마을에 이 곳 저 곳에서 모여든 가난한 사람들이 화전민으로 살아가고 있었다. 육십 년대 나라가 무척 빈곤하던 때라 논밭이 없는 사람이라면 끼니조차 먹기 어려운 시절이었다. 그래서 그들은 높은 산자락에 화전을 이루어 겨우겨우 살아가고 있었다. 그런데 칠십 년대 후반 들어 간첩 사건이 자주 발생하게 되면서 정부에서는 안전을 위해 산간에 사는 그들을 그 곳에서 철수시키고 아래로 내려와 집을 지어 주게 되었는데, 한 곳에다 집을 지을 수가 없어 두 군데로 양분하여 집을 짓게 되었다. 우선 도로 위에 있는 산밑에다 집을 지었고, 그 다음은 도로 밑에다 집을 지었다. 두 군데 다 집이 지어지고 드디어 그 곳으로 들어가서 살게 되었는데 참으로 이상하게도 도로 밑에 사는 사람들은 평탄하게 잘 살아가는 반면 도로 위에 사는 사람들이 삼 년에 한 사람 꼴로 죽어갔던 것이다. 뒤늦게 알게 된 사실이 도로 위에 집을 지었던 그 터가 아주 오래 전에 공동묘지였다는 것이다. 한 두 사람도 아니고 많은 사람이 죽

어 가는 일이 지속적으로 발생한 것으로 보아 이것 역시 영
혼에 의한 현상으로 보여졌다. 아마도 고사도 지내지 않고
땅을 밀어서 집을 지었기 때문에 그 곳에 자리잡고 있었을
많은 영혼들을 노하게 하여 이런 화를 부른 경우라 볼 수
있다.

이사를 할 때도 방향이나 여러 가지를 따져 보고 가게 되
는데, 이러한 풍수 지리적인 요소도 중요하지만 자신이 이
사를 가게 되는 집의 터에 혹시라도 영혼이 머물러 있지 않
은지의 여부도 중요하다. 이사를 갔는데 그 집에서 사람이
좋지 못하게 죽어 나갔거나 했다치자. 만일 그 집에서 지내
게 된 후부터 잠자리가 편치 않거나 건강이 좋지 못하게 된
다면 그것은 그 방에서 죽은 영혼이 그 곳을 떠나지 못하고
그 집에 머물러 있기 때문이다.

건강한 사람은 영혼의 작용에 별로 방해받지 않지만 기
가 약한 사람은 잠을 자려해도 영혼이 자꾸만 건드려 깊은
잠에 들지 못하고 건강을 해치게 된다.

터가 좋지 못한 곳에 이사를 가서 마음 고생을 심하게 했
던 한 사람의 이야기를 들어보자.

대구에 사는 사십대 초반의 그녀는 장사를 시작해보려고
경산의 대학교 앞에다 가게를 얻었다고 한다. 카페로 꾸미
기 위해 인테리어에도 신경을 들여서 가게를 새롭게 단장
하고 개업식 날 고사도 지냈다. 그렇게 개업식을 끝내고 그
날 밤 가게 안에 따로 만들어 놓은 자신의 방에서 잠을 자
게 되었는데, 아기를 업고 있는 젊은 여자가 꿈에 나타나
가게 문 앞에 서 있더라는 것이다. 왠지 께름칙하여 다음

날, 문 앞에다 소금을 뿌리고 장사를 시작하였다. 가게도 제법 넓은데다 실내 장식도 꽤 신경을 쓴 터라 나름대로 장사가 좀 되겠지 생각하며 하루하루를 보냈는데, 시간이 지날수록 장사가 잘 될 기미는 보이지 않고, 밤에 잠을 자면 계속해서 꿈에 아기를 업은 여자가 나타나 "나에게 소금을 뿌리다니…"라고 하며 성난 표정을 짓고는 가게의 이곳 저곳을 돌아다녔다고 한다. 그렇게 꿈을 꾸고 난 후에는 몸이 무거워지고 온 몸이 식은땀으로 젖었으며 점점 건강도 나빠지기 시작했다고 한다. 도저히 힘들어서 가게를 내놓았지만 가게도 나가지 않았고 어쩔 도리가 없어 그저 가게가 나가기만을 기다리고 있다고 했다. 나는 기를 올리며 그 영혼을 떠올려 보았다. 순간 그 가게의 출입구 있는 쪽이 예전에 우물이 있던 자리라는 생각이 떠오르며 꿈속에 보인다는 아기를 업은 여자가 그 우물과 무슨 관련이 있을 것이라는 생각이 들었다. 그 후 그녀는 그 동네 토박이 어르신들을 만나 그 터에 관한 얘기를 듣게 되었다. 얘기인 즉, 지금 그녀의 가게가 있던 자리쯤에 우물이 하나 있었는데 어느 집 첩살이를 하던 여인이 고달픈 인생살이를 비관하며 아기와 함께 그 우물에 빠져 죽었다는 것이었다.

그 얘기를 접하게 된 그녀는 나에게 찾아와 스님의 말씀이 정확히 들어맞았다며, 그 영혼을 달래주기 위해서라도 천도재를 해주어야겠다면서 나에게 부탁하였다. 그리고 삼십 삼 일 간 열심히 기도를 하였다. 그 후로 가게가 팔리게 되어 그녀는 가게를 정리할 수 있었고, 다시 안정된 생활을 찾아가고 있다고 했다.

역시 그 가게가 장사가 되지 않았던 이유 또한 영혼에 의한 것으로, 소금 세례를 받은 영혼이 노하여 문 앞을 지키고 서 있었으니 들어오려던 사람에게도 뭔가 께름칙한 기운이 전달되어 발길을 다른 곳으로 돌리게 되었을 것이다. 장사를 하는 사람이 액이 달아나라고 문 앞에다 소금을 뿌리거나 하는 것은 오히려 그 터의 신을 밀어내는 일이 될 수 있다. 장사에 액이 끼었단 느낌이 들 때는 가게에다 술이나 과일 등의 간단한 제상을 준비하여 그 터의 신이나 영혼들에게 대접하는 것이 액운을 없애는 길이다.

이번에는 여러 가지 고사에 대해 얘기해 볼까 한다.

배를 지어서 배를 내린다고 하여 새 배의 닻을 올리기 전에 고사를 지내는 것을 볼 수 있다. 언젠가 지나가다가 배에서 고사를 지내는 모습을 볼 기회가 있었다. 그 때 음식의 차림새를 살피고 있으려니 사람들이 돼지머리에다 돈을 꽂고는 그 앞에 절을 하며 "고기나 많이 잡게 해주십시오."라고 하는 것이다. 그 모습을 보며 돼지머리는 육지에서 고사를 지낼 때 쓰는 것으로 알고 있는데, 배 위에서 돼지머리로 제사를 지내는 것은 맞지 않는 것이 아닌가 하고 생각했다. 산에서는 산신에게 올린다 하여 돼지머리를 올려놓는 것을 많이 볼 수 있었지만 배는 물위를 떠다니며 물고기를 잡아 올리는 것이기에 그 배 한 척이 탄생함으로 수많은 바다 고기가 살생되는 격이니 물고기를 사다가 방생을 해주는 의식이 필요하지 않나 하는 생각도 들었다.

요즘 시대에는 새 차를 사서 그 차에도 고사를 지내는 모습을 볼 수 있다. 새 차에다 고사를 지내는 것은 사고가 나지 않도록 하는데 목적이 있는데, 그런 이유에서라면 새 차에는 그다지 고사가 필요한 것은 아니다. 만약에 중고차를 구입했다거나 누군가 쓰던 오래된 차라면 고사가 필요하다. 헌 차의 경우 몰고 다니던 중에 사고가 나서 그 차로 인해 사람이 죽었을 수도 있으며 동물이나 미물이 그 차에 깔려 죽었을 수도 있기 때문이다. 이런 경우 그 차에 죽은 사람의 영체나 동물, 미물의 영체가 접신되어 있을 수 있다. 만일 영체들이 접신되어 있으면 자주 차 사고가 날 수 있으며 그로 인해 인명 피해가 많아질 수 있다. 그렇기에 오히려 고사가 필요한 것은 새 차가 아니라 헌 차나 몰고 다닌지 오래된 차들이다. 그런 차들에 고사를 지냄으로써 접신되어 있던 영혼이 떠나갈 수 있게 된다. 또 하나 이런 고사의식을 통해서 여기 저기 음식을 나눠 먹으며 마음을 나누고 이웃 간의 정을 돈독히 할 수 있는 계기가 될 수 있어 더없이 좋은 풍습이 아닐까 생각하며, 이러한 고사 의식을 미신이라며 경시하는 이들이 있다면 옛 어른들의 지혜로움을 잘 헤아리지 못한 탓이 아닐까 생각해 본다.

제사와 혼백 결혼

인간이 죽어 저승에 들고 저승의 법도에 따라 윤회가 된다면 제사를 지낸다는 게 의미가 없는 일일 수도 있지만 저승에 들어서도 윤회하지 못하고 있다면 제사는 꼭 필요하다. 왜냐하면 윤회가 되지 않은 이상 수많은 조상들이 제삿날에 이승으로 내려오기 때문이다. 제사란 영체로서 가족들에게 특별히 대접받는 날인 동시에 비록 육신은 존재하지 않지만 가족들과 후손들을 볼 수 있는 날이기도 하다. 또한 후손들에게는 죽은 조상이나 가족들을 기리며 되돌아보는 날이라 할 수 있다.

예로부터 우리 선조들은 제사 의식을 중요시여겼으며 설이나 추석과 같은 명절을 정해 놓고 조상께 제사지내는 일을 잊지 않았다. 바쁘게 살아가는 현대인들에게도 이러한 명절이나 제사 의식은 오랜만에 고향을 찾아 가족, 친지들과 함께 정겨운 시간을 가질 수 있는 참으로 뜻깊은 시간이라 할 수 있다. 하지만 이러한 좋은 풍습이 영혼의 세계의 깊이를 모르는 사람들 때문에 사라져 가는 것도 사실이다. 불과 몇 십 년 전만 해도 아무리 가난한 집안일지라도 제사를 하나로 뭉쳐 지내는 사람들은 거의 없었다. 하지만 요즘은 바쁘다는 이유로 제사를 하나로 뭉쳐 지내는 것을 많이 볼 수 있으며, 아예 제삿날을 잊어버리는 사람들도 볼 수 있다. 영혼이 일 년에 한 번 자신만을 위해 대접받으며 시식할 수 있는 제삿날을 함께 치른다는 것은 매우 잘못된 처사가 아닐 수 없으며 비록 죽은 자라 할지라도 가슴 깊이 섭섭함을 느낄 것이다. 그것이 조상에 대한 결례라는 것을 깨닫고 분명히 다시 생각해 보아야 할 문제가 아닌가 싶다.

제사에 대한 예로 서울에 사는 강현성 이라는 사람의 이야기를 하고자 한다. 이 사람은 신축생 소띠로 사십대 초반의 남자였다. 나를 찾아온 연유를 물으니 고개를 아래로 내려뜨리는 것이 마치 죄의식에 사로잡혀 있는 듯한 모습이었다. 한참을 그대로 있다가 살며시 고개를 들며 그가 말했다.

"스님, 저는 불효자입니다."

"왜 그런 말씀을 하십니까?

"저는 쌍둥이로 세상에 태어났습니다. 그러나 불행히도 어머니는 저희가 열 두 살 되던 해에 유방암으로 돌아가셨습니다. 저희는 어머니의 빈자리까지 채우려 애쓰며 가정 살림을 꾸려 가시는 아버지를 늘 안쓰러워 했습니다. 자랄수록 어머니의 빈자리가 크다는 것을 그런 아버지를 보면서 더 절실히 느끼곤 했지요. 그러던 때에 아버지께서 새어머니를 맞는 것에 대해 어떻게 생각하느냐고 물어오셨습니다. 당연히 저희 형제는 찬성을 하며 새로 맞이하게 될 어머니는 어떤 분일까 은근히 기대감에 부풀어 있었습니다. 그러나 저희가 맞이한 새 어머니는 저희가 그리던 그런 분이 아니었습니다. 시간이 흐르면서 자신이 데리고 온 여섯 살 박이 친딸과 저희들을 심하게 차별하시며 아버지마저 저희들과 멀어지도록 만들어 버렸습니다. 그렇게 부모와의 갈등이 계속되면서 집안은 냉기가 흐르기 시작했고, 계속되는 불화로 제 동생은 마음의 갈피를 잡지 못하고 방황하기 시작하더니 언제부턴가 질이 나쁜 친구들과 어울려 다니기 시작했습니다. 그러던 중 어느 날, 동생은 술이 취한 채 오토바이를 타고 가다가 마주 오던 승합차와 정면으로 부딪혀 저 세상으로 가고 말았습니다. 그 사고에서도 불행했던 것이 세 명이 함께 오토바이를 타고 갔는데 제일 앞에 탄 아이와 뒤에 탄 아이는 살아남고 가운데 탔던 제 동생만 사망했단 사실입니다. 지금도 저는 이해가 가지 않습니다. 혹시 어머니 제사를 지내드리지 않아 그런 불상사가 벌어진 것이 아닌가하는 생각까지 들곤 했습니다. 그리고 어머님과 동생을 화장해 버린 것이 늘 마음에 걸립니다."

"처사님, 돌아가신 어머니의 제사를 빠뜨린 것은 어머니께 결례가 되는 일이지만 제사를 빠뜨렸다고 해서 동생에게 그 해가 가해진 것은 아닐 것입니다. 어머니는 젊은 나이에 세상을 등지셨습니다. 자식이 장성하여 제사를 지내주지 않았다면 분명 노하실 일이지만 어린 자식들이었으니 어머니께서 어찌 이해를 안 하실 수 있겠습니까? 아마도 동생 분의 죽음은 그 날 일진이 좋지 못해 그렇게 된 것입니다. 이제 처사님도 장성한 어른이시니 두 분의 제사를 따로따로 꼭 챙겨 드리십시오."

"그렇지 않아도 지금은 제가 따로 나와 살고 있기 때문에 제사를 지내고 있습니다."

"잘하셨습니다. 두 분 다 화장을 해 마음에 걸리신다고 하셨는데 걱정하지 않으셔도 됩니다. 화장이란 불교의 의식이며, 뼈가루를 강물이나 산에다 뿌려줌으로써 자신의 육신을 미물들의 먹이가 되게 해 주어 보시의 공덕을 쌓는 좋은 일이지요. 매장을 한다는 의미는 우리 인간들의 좁은 마음에서 나온 것으로 화장을 하면 두 번 죽음을 당하는 것이란 어리석은 생각으로 일반화 된 것이라 볼 수 있습니다. 우리 나라를 삼천리 금수강산이라 했는데 지금은 뻥뻥 뚫린 묘지 강산이 되어가고 있습니다. 일년이면 이십 만개의 묘지가 생겨난다니 대단하지 않습니까? 옛 말에 조상을 위해야 잘 산다는 말이 왜곡되어 자연을 해치며 후손에게 물려줄 땅이 줄어 들고 있는 게 아니겠습니까? 저는 매장하는 이들의 생각이 많이 바뀌어야 되지 않을까 생각합니다. 나라를 생각하고 자연을 생각하는 마음에서라도 앞으로는 화장을 하는 것을 정부에서도 원칙으로 해야 할 것입니다. 어머니와 동생을 화장하셨던 것은 옳으신 일이고 그것으로 죄의식을 느끼실 필요는 전혀 없습니다."

"스님 말씀 잘 알아들었습니다. 제가 스님을 찾아오게 된 것은 스님의 저서를 읽고서입니다. 그 책에 보면 혼백 결혼을 시키지 말라는 내용이 있습니다. 그런데 사실은 스님의 저서를 보기 전 저는 이미 동생을 혼백 결혼 시켜주었습니다. 그래서 어떻게 해야 좋을지 모르겠습니다."

이야기를 듣고 난 나는 잠시 기를 모아 보았다. 그랬더니 어머니와 동생 그리고 혼백 결혼한 처자 역시 저승엘 들지 못하고 있다는 신호가 전해져 왔다.

"처사님, 모두 다 천도를 해 주십시오. 어디서 어떻게 혼백 결혼을 시켰는지는 모르겠지만 영혼의 혼백 결혼이란 본인의 집안에 영혼이 한 사람 더 붙어오는 것이나 다를 바 없습니다. 사람들이 생각할 때는 젊은 나이에 세상을 떠났으니 한이 많아 구천을 떠돌고 있을 것이라는 생각에서 혼백 결혼이라도 시켜주면 마음의 한을 풀고 두 사람이 저승에 들지 않을까 생각할 수 있으나 그렇지 않습니다. 영혼에게 결혼을 시켜줌으로써 저승에 가야할 영혼이 이승에서 하나 더 떠돌게 되는 것이지요. 영혼들이 저승에 든다하여 다 좋은 곳으로 가는 것은 아닙니다. 저승에도 상계, 중계, 하계라 하여 삼 단계의 세계로 나누어져 전생의 업에 따라 가게 되어 있고, 생전에 마음을 닦지 않았던 사람들은 제일 낮은 세계이며 가난한 세계인 하계로 가게 된답니다. 인간 세상보다도 더욱 가난한 세계로 가게 된다는 것을 떠도는 영혼들은 알고 있습니다. 그래서 더욱 이승에 연연하게 되는 것이지요. 그러나 인간은 인간 세상에 존재해 있어야 하고 영혼은 영혼의 세계에 존재해야 하기에 결코 발을 묶어 놓아서는 안 되는 것이지요. 결국에 혼백 결혼이라는 것은 두 영혼에게 이승에서의 시간만 지연시켜주는 격이 되는 것입니다. 제사도 마찬가지입니다.

제사 지낼 일이 없는 사람이 어디서 무슨 소리를 들었는지 집안에 제사를 모시는 것이 좋다하여 이유 없이 제사를 지내는 경우가 더러 있습니다. 이러한 경우도 영혼을 하나 집안에다 끌어들이는 일밖에 되지 않습니다.

오히려 역효과가 되어 집안에 불상사가 생길 수 있지요."

"스님 말씀 새겨듣겠습니다. 그리고 스님께 어머니와 제 동생의 천도재를 부탁드리겠습니다.

그렇게 천도재를 치르고 난 뒤 나는 조상들과 어머니, 그리고 동생을 위하여 삼십 삼일 간 지장기도를 해 주라는 당부를 하였다. 그는 기도가 끝난 다음 마음이 한결 안정되었으며, 아버지와의 묵은 감정들도 이해하는 마음으로 바뀌어 점점 나아져가고 있다고 내게 전했다.

화려한 묘지나 혼백 결혼을 시키는 일 등은 오랜 풍습에서 비롯된 것이며 그렇게 해서라도 영혼으로 인해 느끼는 마음의 짐을 덜어보자는 데 있을 것이다. 이를 꼭 잘못된 일이라 생각지는 않지만 여기에서 한층 더 나아가 천도에 대한 뜻을 헤아려 영혼의 저승길을 닦아주는 것이 바람직하다는 것을 깨우치게 된다면 더욱 더 좋은 일이 아닐까 생각한다. 하지만 천도재만이 능사는 아니며 천도 후에도 지극한 기도로서 하계에 가 있는 영혼이 한층 더 업을 벗어 진보될 수 있지 않을까 생각한다.

집안의 시주단지를 없애라

그 동안 많은 사람들을 천도하며 느낀 것인데 천도자들 중에는 집안에다 망자의 위패를 모셔놓은 사람도 많았고 시주단지라 하여 단지 안에 쌀을 넣어 놓거나 혹은 실이나 부적을 써서 넣어 놓는 사람도 볼 수 있었다. 어떤 이는 옛날에 시어머니께서 일 년에 한번씩 쌀을 갈아 넣었다 하며 몇 십 년째 대를 이어 자신도 그 일을 해오고 있다 했다. 건강이 좋지 못하거나 집안 일이 두루두루 잘 풀리기를 기대하며 그런 것들을 모셔 놓는 경우들이 많았는데, 이렇게 시주단지 등을 모시게 된 것은 대부분 무녀들이 알려주어 집안에 모시게 되었다는 얘기를 많이 했다.

내가 영혼의 세계를 체험하며 느낀 것이지만 위와 같이 집안에다 위패나 시주단지 등을 모셔 두는 것은 오히려 영혼과 가까이 하는 것으로써 좋을 것이 없는 일이라 말할 수 있겠다. 영체란 사진이라든가 위패 등 자신에 대한 근거가 있는 곳에 접신되어 있기 마련이며, 사람의 몸에 접신되어 있다가도 잠시 떨어져 나와 그 근거지에 머물기도 한다. 그렇기 때문에 위패나 시주단지를 모시는 일은 오히려 영혼에게 머물 수 있도록 근거지를 제공해 주는 것이나 마찬가지다. 무녀들이 영혼을 저승으로 인도할 수 없기에 그것을 하나의 방편으로 삼는 것이라 할 수 있다.

경기도 강화에서 왔다는 팔십 대 노인과 오십이 조금 넘은 듯한 그의 딸이 나를 찾아온 적이 있었다.

"어떻게 오셨습니까?"

"다름이 아니라 집에 있는 저희 막내딸이 사십이 넘었음에도 불구하고 아직 시집을 못 가고 있습니다. 도대체 원인이 무엇인지 너무나 답답하여 이렇게 찾아왔습니다."

기를 모아보니 자신의 운명과는 상관이 없었다. 다시 영혼에 대한 기를 모아 보았는데 역시나 신호가 왔다.

"어렸을 때 죽은 따님이 있지요?"

"스님, 저희 집에 더 이상의 자매는 없습니다."

옆에 앉아 있던 딸이 대뜸 말을 했다

"아닙니다. 틀림없이 있을 겁니다."

노인이 입을 열었다.

"맞다. 네 위에 언니가 하나 있었단다."

"아버지는 여태껏 그런 얘기 한번도 안 하시더니 이제서야 말씀하시는군요. 여기 오지 않았다면 평생 모르고 있었겠네요."

의학이 발달하지 않았던 옛날에는 홍역이라든지 지금에는 아주 사소한 병이라도 예방약이 없어서 면역성이 부족한 어린아이들이 생명을 잃기도 했다. 또 그 시절엔 자식을 많이 낳는 통에 그 중에 한 두 명씩은 시름시름 앓다 맥을 놓는 경우가 흔한 일이었으니 어릴 적에 죽은 아이의 영혼에 대해서는 크게 생각지 못했을 것이다. 또한 너무 일찍 세상을 떠난 자식을 떠올리는 것만으로 마음 아픈 일이기에 가슴에 묻고 살아가는 것이 부모의 심정일 것이다. 여러 번 얘기한 바 있듯이 오래 살지 못한 어린 영혼이 더더욱 이승에 대한 한이 많다.

"처사님, 영혼이란 죽어서도 살아있을 때의 그 마음 그대로입니다.

아이들이란 잘 놀다가 금방 토라지기도 하며 행동의 변화가 심하듯이 따님에게 어릴 때 죽은 언니의 영혼이 접신되어 있으니 선을 보아도 마음이 계속 갈팡질팡하며 생각했던 것의 반대로 된 행동들이 빈번하게 일어나게 되는 것입니다. 천도재를 하시고 기도하시면 영혼이 떠나게 되고, 막내 따님도 좋은 인연이 찾아와 배필을 만나게 될 것입니다."

"그렇지 않아도 집사람과 무당을 찾아가 굿도 여러 번 했습니다. 집안에 조상이 들어 딸이 잘 안 풀린다 해서 집안에다 시주단지며 부적이며 다 모셔 보았지만 달라진 것은 아무 것도 없었습니다."

"오히려 그런 것들이 따님에게 더 나쁜 영향을 주는 것들입니다. 모조리 태우거나 없애버리십시오."

그리하여 천도재를 하던 날 시주단지와 부적들을 모조리 태워버렸다. 그리고 3개월이 흘러 노인에게서 딸이 배필을 만나 드디어 결혼한다는 전화를 받았다.

　무당이나 용하다는 누군가가 일러주어 일단 위패나 시주
단지를 모시게 되면 함부로 버릴 수도 없는 노릇이다. 자신
이 자리했던 곳을 천도조차 하지 않은 채 없애버리게 될 경
우 영혼에게서 오히려 화를 불러올 수도 있기 때문이다. 그
런 화를 당하지 않기 위해서는 애초에 그런 것들을 집안에
두지 말아야 할 것이다. 천도재를 지내며 이러한 위패나 시
주단지를 태워 없애면서 제대로 된 영혼의 세계에 대한 인
식이 필요함을 느낄 수 있었다.

3부
천도재의 실상

학생들의 집중력

우리 나라 부모의 교육열은 어느 나라보다 높다. 학교 교육은 물론이고 부족한 부분을 보충하기 위해 학원수강은 기본이고 그것도 모자라 고액 과외까지 시키는 부모들도 흔히 볼 수 있다. 입시철이 되면 유명한 절이나 교회 등에는 수험생 자녀를 둔 부모들의 행렬이 줄을 잇는다. 저마다 간절한 마음으로 자녀들의 합격을 기원하며 정성을 드리기에 여념이 없다.

90년대 초에는 지금에 비해 대학에 들어가는 게 무척 힘들었다. 그 무렵 우리 절의 신도였던 상호 어머니 역시 자식의 일로 근심에 차 있었다.

"스님, 저희 상호 때문에 정말 걱정입니다. 재수에다 삼수까지 시켰건만 여전히 대학 문전에도 가지 못하고 있답니다. 머리가 그렇게 나쁜 아이는 아닌데, 집중력이 없어 그런지 책상에 오래 앉아 있지 못합니다. 책상에 오래 앉아 있는 것 같으면 어김없이 머리 통증을 호소하며 고통스러워합니다. 어려서는 밤이면 이유도 없이 심하게 울어 저희 부부 마음을 아프게 했던 적이 한 두 번이 아니었죠. 스님, 무슨 원인이 있는 것일까요?"

상호 어머니의 사정을 듣고, 나는 잠시 상호에게 기를 모아 보았다. 아니나 다를까 상호에게는 죽은 남동생이 접신되어 있었다.

"보살님, 죽은 아들이 있으시지요?"

"예. 스님, 그걸 어떻게… 그 아이는 여덟 달만에 태어났는데, 단 하루를 살고 세상을 떠났습니다. 그 아이와 무슨 상관이라도 있는 건가요?"

"그 아이의 영혼이 상호에게 접신되어 있습니다."

"그렇게 하루를 살다 간 아이가 저승으로 들지 못하고 우리 아이에게 붙어 있단 말입니까?"

"살만큼 살고서 떠난 사람들이야 그 한이 좀 덜하겠지만, 어린아이의 영혼이 세상에 나와 제대로 살아 보지도 못하고 그렇게 갔으니 그 한이 얼마나 깊겠습니까? 가엾은 영혼을 저승으로 인도해주십시오."

내 이야기를 이해한 상호 어머니는 천도재를 지내고 내가 가르쳐 준 대로 기도도 꾸준히 하여 비로소 어린 영혼을 저승으로 인도할 수 있었다. 천도재를 지내고 난 지 한 달이 조금 지난 후 상호 어머니는 다시 나를 찾아 왔다.

"스님, 몇 년 전에 우리 아이가 축구 시합 중에 넘어져 크게 다친 적이 있습니다. 그때부터 한 쪽 다리를 약간 절게 되었습니다. 침도 맞으러 다니고 물리치료도 받아봤지만 소용이 없어서 그만 포기했었는데, 신기하게도 천도재를 지내고 기도를 한 후부터 아이의 걸음걸이가 예전처럼 반듯해졌지 뭡니까?"

"보살님, 상호가 어릴 적에 밤이면 어김없이 울었다고 하셨죠? 그것은 갓난아기의 영혼이 접신되어 있었기 때문에 아기처럼 칭얼대며 울었던 것이고, 정신이 산만하고 집중력이 저하되었던 것 역시 아기들의 특성에서 비롯된 것인 듯 합니다. 그리고 말씀하신 대로 아픈 다리는 아마도 보살님께서 그 아기를 거꾸로 낳아 아기가 나오면서 다리를 다쳤지 않나 싶군요."

"맞습니다. 스님. 그 땐 시골에서 살 때라 갑자기 진통이 오는 통에 병원에도 가지 못하고 시어머니께서 아이를 받으셨는데, 아기가 나올 때, 아기 다리를 잡고 실랑이를 벌였나 봐요. 그 때 아기가 다리를 다친 듯 합니다."

"영혼이란 그렇습니다. 살아 생전에 아픈 부위가 죽어서 누군가에게 접신 되었을 때도 똑같은 현상으로 나타날 수 있습니다. 상호 역시 동생의 영혼으로 인해 고통받았던 것입니다."

천도재의 영험을 경험한 뒤로 상호 어머니는 상호의 대학 합격을 기원하며 백일기도에 매진하였다. 어머니의 정성과 본인의 노력으로 상호는 그 힘겨웠던 입시를 치르고 대학에 합격하였다.

귀신과 유령선을 본 사람

사람들이 귀신을 보았다 하거나 유령선을 보았다는 애기
들은 분명 일어날 수 있는 일들이다. 영혼은 밤낮 없이 돌
아다니지만 낮에는 양의 기류가 흐르고 있어 밝음 속에 영
혼이 보이지 않는 것이며, 밤에는 음의 기류가 흐르고 있어
그 어둠 속에서 영혼이 선명하게 보이는 것이다. 또한 비오
는 날 역시 음의 기류가 흘러 영혼이 선명하게 보인다. 그
래서 깊은 밤이나 비오는 날에 귀신이나 유령선 같은 것을
보았다는 사람들이 많은 것이다. 또 하나 밤에 귀신을 많이
보게 되는 이유는 사람이란 낮에는 활기에 넘쳐 기가 강한
상태이고 밤에는 하루의 피곤이 쌓여 있는 상태이므로 수
면을 취해 주어야만 한다. 밤에 쉬지 않고 일하는 사람은
몸에 피로가 쌓여 기가 떨어질 수밖에 없다. 그렇게 되면
귀신이 몸에 접신되어 있는 사람은 피곤에 지쳐서 자신의
몸에 접신되어 있는 영혼의 힘으로 또 다른 영혼을 볼 수
있게 된다. 그것이 흔히 귀신을 보았다는 이야기가 되는 것

이다. 건강한 사람 역시 몸이 지쳐 있을 때는 귀신이나 유령선 등을 볼 수도 있다.

　부산의 포교원에 있을 때 신도 한 분이 내게 해 주었던 귀신에 얽힌 이야기를 들어보자.

　시골에 살고 있는 사십 대 초반의 남자 이야기이다. 제법 넉넉한 집안의 맏아들이었던 그는 고향의 면사무소에서 근무하고 있었고 집에서 십리쯤 떨어진 면사무소에 자전거로 출퇴근을 하고 있었다. 건실하고 선한 성품에 내성적이었던 그는 평소에는 말수가 없었지만 가끔 술을 마시고 집으로 돌아오는 길엔 혼자서 중얼거리거나 기분이 무척 좋은 날엔 큰 소리로 노래를 부르기도 하였다. 어느 날 월급을 탄 그는 가족들을 위해 시장에서 소고기 몇 근을 사 가지고 집으로 가던 길에 함께 일하는 동료와 마주치게 되었다. 월급도 탔으니 어디 가서 술이나 한 잔 하자는 동료의 말에 의기투합하여 늦은 밤까지 술을 마시게 되었다. 술에 취해 정신이 약간 혼미해진 상태로 동료와 헤어지고, 평소처럼 자전거에다 쇠고기를 싣고 신작로를 달리며 집으로 향하는데, 뒤에서 누군가가 나타나서는 그 고기를 이리 주고 가라고 말하는 것이었다. 보통 때보다 술이 많이 취했던 그는 집 앞까지 따라온 그 사람에게 어떤 미친놈이냐고 욕을 실컷 해대고는 집안으로 들어와 버렸다. 그런데 그 다음 날부터 몸이 불덩이처럼 달아오르며 열병이 심해지더니, 그는 원인조차 알 수 없는 병과 씨름하다 삼 일을 못 넘기고 세상을 떠났다. 집안의 대주인 그가 그렇게 죽고 난 뒤로 그 집 대밭에 대나무들까지 병들어 시름시름 죽어가고 넉넉했던 집안의 가세도 기울어 몰락해 버렸다. 집안이 몰락하고 궁핍하게 살아가던 중 그의 부인이 남편에게 얼핏 들었던 애기가 스쳐가기에 그 신작로 길로 가서 자세히 주위를 둘러보니 그 길 저만치 건너편에 공동묘지가 있었던 것이다.

위의 이야기처럼 영혼이 고기를 사 가지고 가는 사람의 뒤를 따라왔다는 것은 먹는 것에 한이 많은 영혼이 고기나 생선 등의 냄새를 맡고 따라오게 된 경우라 볼 수 있다. 그렇게 술을 많이 마신 사람은 기가 약해져 있으므로 영혼의 힘이 강해져 영혼이 눈에 보이는 것이다.

또 다른 사람의 예를 들어보자.

전라도 군산에 사는 박동혁 이란 사람의 이야기이다.

오십대 중반의 그는 바다에 나가 고기를 잡아 살아가는 어부이다. 자그마한 배에 두 사람이 함께 배에 타고 있었다. 여느 때와 같이 고기를 잡으러 바다에 나갔던 이들은 고기를 거둬들이기 위해 미리서 그물을 쳐 두었다. 보통 때처럼 두세 시간 기다렸다가 그물을 끌어 올리는데, 그물이 평소보다 무겁게 느껴지기에 아마 대어가 하나쯤 걸린 모양이라 생각하며 있는 힘껏 그물을 잡아당겼다 한다. 배 가까이 그물이 올라왔을 때 사람의 머리털 같은 것이 먼저 보이기에 무슨 털이 많은 옷이 하나 걸려들었나 생각하며 다시 끝까지 끌어올렸는데 그것은 다름 아닌 사람의 시체였던 것이다. 시체를 보는 순간 온 몸에 힘이 빠지며 자신도 모르게 그물을 잘라버리고 헐레벌떡 집으로 돌아왔는데, 온 몸에서 식은땀이 흐르고 어떻게 집까지 왔는지도 생각나지 않았다. 집에 와서도 그 시체가 생각나 잠이 안 오고 그 뒤로 바다에 정이 떨어져 다시는 바다에 나가고 싶지 않은 생각뿐이었다고 한다. 매일매일 그 모습을 잊어버리려 술을 마셨지만 쉽지 않았다. 하지만 같이 배를 타던 동료와 아내의 끈질긴 설득으로 다시 바다에 나가기로 마음을 먹고 새 그물을 장만하여 배 위에 올랐다. 그런데 정박해 있던 배의 밧줄을 타고 쥐가 육지로 내려가더라는 것이다. 갑자기 옛 어른들 하던 말 중에 배에 있던 쥐가 줄을 타고 육지로 내려가면 좋지 않은 징조라던 말이 떠올라 마음이 영 내키지가 않았다고 한다. 그래서 동료에게 얘기했더니 그런 말들에 너무 신경 쓰지 말고 여태껏 많은 날을 쉬었으니 나가 보자 설득하기에 어쩔 수 없이 나쁜 생각들을 밀어내며 바다로 나갔다고 한다. 하지만 그날 따라 유난히 고기가 잡히지 않았고 이왕 나온 거 고기를 더 잡아 가지고 가야겠단 생각에 피곤을 무릅 쓰고 늦은 밤까지 고기들을 기다리고 있었던 것이다. 한참을 그러고 있는데 옆에 있던 동료가 피곤한 듯 하품을 하는 것을 보고 잠시 눈 좀 부치라며 배안의 작은 방으로 들여보내고는 잠시 담배 한 개비를 피우려 하고 있는데, 멀리에서 커다란 배 한 척이 보이며 점점 그들의 배 쪽으로 다가오고 있었다 한다. 배에 불을 밝혀놓고 있었으니 잘 보고 비켜가겠지 생각하며 무심히 넘겼는데 점점 거리가 좁혀져 오는 것이었다.

저 배가 우리 배를 못 보는 게 아닌가 싶어 재빨리 시동을 걸어 배를 급하게 돌렸는데 그 뒤로 정신을 잃었는지 깨어나 보니 병원이었고, 다리 한 쪽이 부러져 있더라는 것이다. 동료의 얘기를 들어 보니 배가 심하게 흔들려 잠에서 깨어났더니 자신이 의식을 잃고 쓰러져 있었고, 암초에 부딪힌 듯 배에도 손상이 가 있었다 했다. 그 후 그는 다리를 절게 되어 어부생활을 그만둘 수밖에 없었다고 한다.

호랑이한테 잡혀가도 정신만 차리면 산다는 말이 있듯이 그 때 그가 시체를 보고 혼비백산하여 도망가지 않고 물에 빠져 있던 시체를 건져내어 화장을 해 주었다면 얼마나 좋았을까 하는 생각과 함께 생명을 담보로 뛰어드는 바다인 만큼 뭔가 느낌이 좋지 않을 때는 그 느낌을 믿고 따르는 것이 중요하다는 생각이 들었다. 그가 보았다는 유령선인 듯한 그 배는 오래 전에 항해했던 것으로 태풍을 만나 파손된 배일 가능성이 크며, 파손되었어도 그 형체는 남아 있어 유령들의 배로서 영혼이 접신되어 있는 사람들의 눈에 보일 수 있는 것이다.

바다에서 발견된 시체에 대한 이야기를 조금 더 해본다면 바다에서 발견된 시체 중에는 물살이 센 데도 떠내려가지 않은 채 그 장소에 그대로 쭈그리고 앉아 있다 발견되는 시체도 있으며, 먼바다까지 나갔다가 풍랑을 만나 죽음을 맞이하고, 파도에 떠밀려 고향 부근에 닿아서 어부의 그물에 걸려드는 시체도 있다고 한다. 물살이 센 곳에서 그대로 쭈그리고 앉은 채로 시체가 발견되었다면 그 혼이 시체에 맺혀 있었기 때문에 가능한 것이다. 비록 육체는 죽었지만 죽은 자는 시공을 초월하므로 시간의 개념이 없어지며, 몸이 썩어 없어지지 않는 이상 자신이 살아 있다고 착각하게 되어 영혼이 자신의 몸을 감싸고 있게 되면서 누군가가 구해 줄 때까지 그 자리에서 영원히 떠나지 않는 것이다. 파도에 휩쓸려 밀려 오게 되는 시체 역시 그 영혼이 자신이 살아 있는 것으로 착각하고 파도를 타고 고향으로 돌아오게 되는 것이다.

앞에서 얘기했던 두 사람들 모두 자신의 몸에 영혼이 접신되어 있었기 때문에 귀신이 눈에 보이고 유령선이 눈에 보일 수 있었을 것이다. 조금이라도 영혼에 대해 빨리 깨달을 수 있었다면 불의의 사고를 막을 수도 있지 않았을까 생각하며 안타까운 마음이 들었다.

스님 물 좀 드세요

　내가 썼던 천도재에 관한 책을 접하고 일반인들보다 영혼의 세계에 대해 이해가 빠른 스님들이 나에게 많이 찾아왔다. 그 분들 중에서는 직접 천도재에 임하고 가신 분들도 있었으며 영혼의 실체에 대해 자세히 묻고 가시는 분들도 많았다. 또한 불자들과 함께 오셔서 그들을 천도재에 임할 수 있게 해 주신 분들도 계셨다. 그것은 내가 여느 스님들보다 특별한 능력이 있어서라기보다는 영혼의 실체를 체험했기에 그 실상에 대해 자세히 설명해 줄 수 있음을 그 분들도 믿으시기 때문이라 생각한다.

　대부분의 스님들은 속가의 조상들을 위해 가끔씩 천도재를 해 주는 분들이 많지만 더러는 스님이라는 이유로 속가의 조상들이 자신에게 접신되지 않을 것이라는 생각을 가지신 분들도 계실 것이라 생각한다. 내가 그 동안 많은 스님들의 천도재를 치르면서 느낀 것이지만 속가의 사람들보다도 오히려 스님들이 영혼으로부터 더 많은 고통을 받고 있었다. 그것은 아마도 영혼들이 스님 곁에 있으면 많은 시식경과 기도를 통해 위로받을 수 있지 않을까 하는 생각에서 스님들과 더욱 가까이 하고 있는 것이 아닌가 싶었다. 어떻게 보면 스님들이 속가의 인척들을 대신하여 모든 업을 지고 있는 것인지도 모르겠다. 그러므로 집안에서 스님이 나오면 4대가 편안하다는 말이 있지 않나 싶기도 하다.

앞에서도 얘기했듯이 구천을 떠도는 영혼들이 몇 번의 천도재를 통해 모두 저승에 드는 것은 아니기에 영혼으로 인해 스님들의 공부에 장애가 생길 수 있다. 그러므로 천도재를 지낸 후에도 꾸준히 영가를 위해 기도해 주는 게 좋은 방법이 아닐까 생각해 본다.

지금부터는 내게 소중한 마음을 전해 주었던 스님들의 이야기를 하려 한다.

내가 목동의 포교원에 있을 때다. 문을 두드리는 소리에 나가보니 스님 한 분이 땀을 뻘뻘 흘리며 커다란 바랑을 짊어지고 서 계셨다. 그 바랑 안에 뭐가 들었는지 계속해서 물이 줄줄 흘러내리고 있었다.

"스님, 어디서 오셨기에 이렇게 땀을 뻘뻘 흘리고 계십니까?"

"지금 경남 청도에서 오는 길입니다."

"근데 바랑에서 웬 물이 그렇게 흐르고 있습니까?"

라고 물으니,

"스님을 한번 찾아뵈려니 제가 스님께 달리 드릴 것은 없고, 서울에서는 좋은 약수를 드시기 힘드실 것 같다는 생각이 들어 저희 절에서 맑은 약수를 좀 떠 가지고 왔습니다."

나는 놀라지 않을 수 없었다. 바랑에서 꺼낸 그 무게만도 대단했거니와 이 먼 길에 그것을 짊어지고 왔을 스님을 생각하니 마음이 찡해졌다.

스님은 구김이 없는 모습에 천진한 인상을 보아 짐작할 수 있듯이 산 속에 묻혀 지내며 속가에 잘 내려오지 않으시는 아주 검소한 선승이셨다. 자리를 같이 하고 앉아 차를 마시며 나는 말했다.

"스님, 어떤 사연이 있어 이렇게 저를 찾아오셨습니까?"

"스님의 천도재에 관한 책이 제 마음에 와 닿아 이렇게 왔습니다."

"그러셨군요. 그럼 어디 스님의 얘기를 해 보시지요."

나의 말에 스님이 얘기를 시작했다.

"스님, 소승이 젊었을 적엔 참선을 통해 깨달음을 얻자하여 나름대로 선방을 전전하며 다녔습니다. 그것 또한 무수한 겁이 쌓여 되는 것이기에 무척 힘든 과정이었지요. 지금도 절에 있을 때 참선에 들기는 합니다만 몸이 허약해서 그런지 잠자리에 들면 마군들이 보입니다. 머리를 길게 푼 여자가 보이기도 하고 하얀 옷을 입고 갓을 쓴 사람들이 보이기도 합니다. 그렇게 꿈을 꾸고 난 다음 날엔 머리가 무거운 것이 정신이 흐릿해져 오곤 하더군요."

나는 잠시 생각한 끝에 입을 열었다.

"스님, 스님의 꿈에 보이는 것은 마군이 아닙니다."

"그럼 그들은 누구인가요?"

"그 분들은 스님 속가의 조상들입니다."

"제가 여러 번 천도재를 해 드렸는데도 조상들이 아직까

156

지 저승에 들지 못하고 있는 것인가요?"

"몇 번의 천도재 만으로 영가가 저승에 든다면 영혼으로
인해 고통받는 사람들에게 얼마나 좋은 일이겠습니까. 하
지만 영혼의 한이란 쉽게 풀리는 것이 아니기에 마음에 한
이 많은 영혼들에게는 기도로서 그 마음을 달래주는 것이
중요합니다."

"여태껏 그들이 속가의 조상들이라곤 생각을 못 했습니
다."

"스님, 조상들을 위해 꾸준히 기도하는 길만이 그들의 영
가를 저승으로 인도할 수 있는 유일한 길입니다."

나는 스님께 기도의 방법에 대해 자세히 가르쳐 드렸다.
스님은 내가 설명하는 한 마디 한 마디를 귀기울여 듣고 깊
이 이해하셨다는 듯 내게 고맙다는 인사를 남기며 청도로
떠났다. 오실 때의 무거웠던 바랑이 떠나실 때는 홀쭉해져
있는 것이 스님의 뒷모습을 한결 가볍게 만들어 주었다.

다음은 충청도 공주에서 오신 스님의 이야기이다. 역시
목동 포교원에 있을 때의 일이었다. 포교원의 문을 열고 들
어선 스님은 안으로 들어서자마자 바랑을 바닥에 놓으며
힘겨운지 숨을 한 번 크게 내쉬더니 나에게 미소를 지으며
바랑에서 무언가를 꺼내 놓았다.

"스님, 이 물 좀 드십시오. 이 물은 고로쇠라 하는데, 공
주에서는 이 물이 위장에 좋다하여 사람들이 건강수라 부
르며 즐겨 마신답니다."

기이하게도 청도의 스님과 같이 바랑에 그 무거운 것을
짊어지고 이 먼 곳까지 온 것이다. 나는 그 따뜻한 마음에

청도의 스님이 떠오르며 다시 마음이 동화되어 왔다.

스님과 마주 대하고 앉아서 여기까지 찾아오신 연유를 물었다.

"스님, 저희 절은 개인 사찰이 아니라 OO종입니다. 스님께서도 이름만 대면 잘 아시는 절이지요. 제가 스님을 찾아오게 된 것은 저희 절의 한 신도 때문입니다.

그 절의 신도가 어느 날 내게 자신은 지금 신들려서 제정신이 아니라며 어떻게 좀 도와 달라고 눈물로 호소하더군요. 그 모습이 하도 안타까워 그냥 보고 있기가 딱할 지경이었습니다. 그래서 누군가에게 신들린 사람은 구병 시식을 하며 팥을 던져 귀신을 몰아낸다는 얘기를 들은 적이 있었기에 마침 큰스님도 출타 중이시고 하여 도반 스님과 함께 시식 준비를 하였습니다. 팥을 던져 귀신을 몰아내는 의식을 끝내고 또 하나 귀신을 쫓아내는 의미로 동쪽으로 뻗은 복숭아 나뭇가지를 꺾어 그 분의 몸을 나뭇가지로 여기저기 내리치기도 했습니다.

그렇게 구병 시식을 마친 뒤 이제 귀신은 물러갔으리라 생각하고 그 분을 집으로 보냈는데 다음 날 그 분이 남편과 함께 찾아온 것입니다. 남편이 다짜고짜 화를 내며 무엇 때문에 우리 집 사람을 온 몸에 멍이 들게 해 놓았느냐고 따지기 시작했습니다. 자초지종을 말하며 이해를 시키려 해도 막무가내였습니다. 그 신도 역시 남편을 설득시키려 해보았지만 마찬가지였습니다. 그렇게 남편은 집으로 돌아가 버리고 신도 분은 절에 남았습니다. 다시 구병 시식을 해보았지만 귀신은 떨어질 기미를 보이지 않았고, 그 분은 정신

이 점점 더 혼미해져 가는 것 같다 했습니다. 꾸준히 몇 일
동안 해보면 괜찮아지겠지 생각하고 큰스님의 눈을 피해
산으로 올라가서 몇 일간 더 시식을 해 보아도 낫기는커녕
더해 가더군요. 그러다가 누군가를 통해 스님의 천도재란
책을 접하고 이렇게 찾아오게 된 것입니다."

"좋은 일을 해주려다가 그런 화를 당하셨으니 스님께서
몹시 곤혹스러웠겠습니다. 제 책을 읽어보셔서 아시겠지만
모든 병도 초기에 발견하면 완치가 수월해지듯이 신가가
있는 사람들도 마찬가지입니다. 이미 몸에 안치되어 버린
영혼이기 때문에 떠나보내기 어렵습니다."

"스님, 그럼 어떻게 해야 합니까?"

"본인 스스로가 수 없는 나날을 기도해야 합니다. 스님께
서는 영가의 길을 안내해 주는 지장기도를 해 주십시오. 길
은 그 길밖에 없는 듯 합니다. 그렇지 않으면 신당을 꾸미
고 신을 모시는 수밖에 없습니다."

나의 얘기에 스님은 허탈한 표정을 지었다.

"스님, 한 중생의 구제이오니 두 분이 함께 열심히 기도
하시면 반드시 뜻을 이룰 것입니다."

이야기를 끝내고 스님은 다시 공주로 내려가셨다. 멀리
에서 가지고 오신 물 공양을 보며 어찌 스님의 고초를 보고
가만히 있을 수 있겠는가 하는 마음에 나 역시 내가 하고
있는 삼십 삼일의 기도를 해 주었다. 그 뒤로 아무런 소식
도 접할 수 없었지만 무소식이 희소식이란 말도 있듯이 스
님의 마음이 기도로 가까이 닿았으리라 믿는다.

두 스님의 따스한 마음이 묻어나는 물 공양을 생각하면

아직까지도 입가에 미소가 머무는 것이 평생 잊지 못할 소
중한 선물을 마음속에 간직할 수 있어 뿌듯함을 느낀다. 나
는 그들을 통해 세상 어떤 공양보다도 값진 공양을 받았던
것이다.

나를 위해 방생을 해다오

오랜 투병으로 아파서 죽어 가는 사람을 보거나 부모나 형제, 가까운 인척들의 마지막 모습을 접하게 되면 언젠가는 나도 저렇게 가겠구나 하는 쓸쓸한 생각에 인생의 무상함을 느낀다. 죽은 사람을 묻어줄 때나 화장을 하는 의식을 치를 때의 모습을 지켜보고 있노라면 순간 덧없음에 허탈해 지다가도 이제껏 살아온 동안의 반성과 함께 남은 여생을 선한 마음으로 살아가야 하겠구나 하는 다짐도 하게 된다.

그러나 사람의 마음을 가리켜 인삼조석변이라 했던가? 아침에 먹었던 마음이 저녁에 바뀐다는 이 말처럼 죽음 앞에 그 경건했던 마음은 온데 간데 없이 사라지고 다시 일상으로 돌아오면 죽음 뒤에 남겨지는 것은 차가운 현실뿐이란 생각이 든다.

절에서는 초상이 난 신도의 집에서 기별을 받고 초상집을 찾아간다. 고인의 마지막 가시는 길에 가벼운 마음으로

떠나실 수 있도록 애도의 뜻을 깃들여 염불을 해 주는 것이
다. 그때는 내가 백일 지장기도를 끝내고 영혼과 대화를 나
눌 때의 일이다.

우리 절의 신도 중에 정인숙이란 신도가 시어머니의 삼
일 탈상을 치르고 남편과 함께 나를 찾아왔다.

"스님, 이번 저희 어머님 장례식 때 수자 스님을 보내 주
셔서 정말 감사했습니다. 염불하시느라 얼마나 고생이 많
으셨는지 모릅니다."

"돌아가신 영가에 진심으로 애도를 표합니다."

"스님, 앞전에 수자 스님의 말씀도 그렇고 어머니께서도
스님께 사십구재를 부탁드린다고 말씀 하셨기에 사십구재
를 지내드리려 했는데, 솔직히 형제들 모두 시간에 쫓기고
하여 어떻게 해야 할지 모르겠습니다."

"정 바쁘시면 형제간에 한 분만 참석하시거나 첫 제와 막
제때만 참석을 하십시오."

"스님, 그냥 한꺼번에 천도재를 해 드리면 안 되겠습니
까?"

"그것은 두 분이 결정하실 문제입니다만, 사십구재란 것
의 의미가 영혼이 살아 있을 때의 애착과 한을 달래기 위한
제사입니다. 또한 떠돌고 있을지도 모를 영혼을 저승으로
인도하는 의식이기도 하지요.

물론 천도재 또한 짧은 기간에 애착과 한을 풀고 잘 가라
는 의미의 의식이긴 하지만 그것과는 다르다고 봅니다. 부
모는 자식을 위해 한 평생을 희생하다 그렇게 가셨습니다.
사십구재를 통해 떠나신 부모의 노고를 떠올리며 커다란

사랑에 감사하는 마음을 되새기는 것은 자식으로서 마땅히 해야 할 도리라 생각합니다. 물론 사십구재나 천도재를 하지 않는 사람들도 많습니다만 제 생각은 그렇습니다."

결국 이들 부부는 마음을 정했는지 다음날 천도재를 하게 되었다.

상차림을 준비하여 위패를 써 올리고 수자가 염불하며 시식을 하였다. 나는 법당에 들어가 잠시 영가 앞에 앉았다. 살아 생전에 나의 법문을 경청하던 분이셨기에 나도 그분을 잘 알고 있었다. 제사상 앞에 향을 하나 피우고 합장을 하는 순간 수자의 염불은 극락왕생에 이르러 끝나가고 있었다. 나는 낮은 목소리로 극락왕생을 기원하며 기를 모아 영혼을 저승으로 인도하려는 순간 "스님!"이라고 하며 영가가 소리치는 것이었다.

"나는 가지 않습니다. 아직은 떠나기가 싫습니다."

영가는 원통한 목소리로 목이 메인 채, 내 앞에 앉아서는 나를 붙잡는 것이다.

"스님, 저는 살아 생전에 시장에서 생선장사를 하며 바쁘게 살아왔습니다. 남편은 평생을 술에 절어 살았고 자식들을 보살피느라 등골이 휠 만큼 고생하며 살아왔습니다. 그러다 보니 제대로 세상 구경 한번 못했습니다. 명산 대찰이나 한바탕 구경하고 난 후에 저를 인도해 주십시오. 내가 살아 있을 때 분명 간절히 사십구재를 부탁했건만 나를 이렇게 허무하게 떠나 보내려 하다니, 고얀 것들!"이라고 하며 마음에 남은 한을 드러내는 것이었다. 잠시 염불을 멈추고 두 사람을 불러 이 사실을 이야기하였다. 그래도 여전히 이해가 안 되는지 부인은 내게 오늘로써 끝내 달라 하였다. 그렇게 하기로 하고 마지막 진언을 하려는 순간, 영가가 너무나 가엾어 천도재를 멈추어야겠다는 생각이 들었다. 그래서 그들을 보내고 난 뒤 다시 위패를 써 올리고 수자에게 사십구재 안에 지극 정성으로 축원해 드릴 것을 당부하였다. 칠일 째 되던 날 영가 앞에 앉아 다시금 기를 모아 보았다. 영가는 한없이 눈물을 흘리며,

"스님, 정말 고맙습니다. 그리고 마지막으로 부탁이 있습니다."

"무슨 부탁이십니까?"

"제 자식들에게 저를 위해 물고기 천 마리를 사서 방생을 해달라 전해 주십시오. 저는 살아 있을 때 먹고 살기 위해 본의 아니게 살생을 했습니다. 죽고 나서야 비로소 살생이 얼마나 큰 업인 줄 알게 되었습니다. 스님, 부탁드립니다."

죽은 자의 말을 산 자에게 전하기란 정말이지 곤란한 일이 아닐 수 없다. 그래도 안 전할 수는 없어 부부를 불렀다. 두 사람은 선뜻 이해가 가지 않는지,

"참으로 별일이 다 있습니다, 스님. 왜 그토록 이승을 떠나지 못하고 세상에 미련을 두시는지 모르겠군요. 어머니를 위해 방생을 해 줍시다. 스님, 집에 가서 아내와 다시 의논해 보고 어머님의 뜻에 따라 방생을 하겠습니다."

두 사람이 다녀간 5일 후였다. 꽤 늦은 시간 절 밖에서 가쁜 숨소리가 들려오며 나를 찾는 목소리가 들렸다. 방문을 열어 보니 부부 중 남편의 모습만 보였다.

"웬일이십니까?"

"스님, 저희 집 사람이 어젯밤 계모임에 갔다 오는 길에 길을 건너다가 승용차에 치여 지금 병원에 있습니다."

"많이 다치셨습니까?"

"한 쪽 다리가 부러졌습니다. 앞전에 방생을 하라던 스님의 말을 따르지 않고 막상 이런 변을 당하고 보니 어머니께서 노하신 게 아닌가 싶기도 하여 이렇게 찾아왔습니다."

"처사님, 죽은 어머니의 부탁이 아니더라도 방생을 해 주는 것은 내생의 길을 닦아 두는 일입니다. 인간이 살아가면서 본의가 아닌 살생을 많이 하게 되지요. 우리가 사소하게 생각하는 것들에게도 모두 생명은 존재하고, 그 생명은 소중하답니다. 다음 생엔 우리가 물고기나 벌레로 태어날 수도 있지 않겠습니까? 그리고 처사님의 어머님이 너무나 딱하여 저희가 지금껏 축원을 드리고 있습니다. 어머님이 이승에 한이 많으셨던 모양입니다."

"스님, 정말 감사합니다. 저희가 어머니께 너무 야박했습니다. 집사람도 사고가 나고서야 깨우쳤는지 스님을 찾아뵙고 방생을 해 달라고 했습니다. 스님, 저희를 대신하여 방생을 부탁드려도 되겠습니까?"

"그렇게 하지요. 그러나 한 분만이라도 참석을 해 주십시오."

"예, 제가 가도록 하겠습니다."

몇 일 후 우리는 바닷가에서 작은 물고기들을 방생해 주었고 사십구재의 마지막 날 역시 그 부부와 일가 친척들이 참석한 가운데 무사히 의식을 마칠 수 있었다. 한이 맺혀 있던 영가 역시 마음이 누그러졌는지 하늘로 솟구쳐 오르며 먼길을 향해 사라져 갔다.

사람은 언젠가는 죽는다. 지금은 이렇게 살아 있지만 살아 있을 때 한번쯤 세상을 떠난 자들을 생각해 보라. 돌아가신 부모를 위하고 조상을 위하는 마음을 가지자는 말이다.

집안에 우환이 생기거나 할 때만 조상을 찾지 말고 가끔씩 진심으로 그들을 기리는 마음이 필요한 것이다.

영혼 때문에 결혼하지 못한 처녀

　혼기가 훨씬 지난 아들, 딸들이 결혼을 못 하고 있다면 당사자도 괴롭겠지만 부모의 답답함도 여간 아닐 것이다. 삼십을 넘기고 불혹을 바라보는 나이에도 결혼을 못 하고 있는 예가 많다. 너무 완벽한 배필을 고르다가 어느새 때를 놓쳐버리는가 하면 신체가 정상적이지 못하여 결혼이 어려워지는 경우도 있다.

　옛말에 짚신도 제 짝이 있단 말이 있듯이 어딘가에 분명 자신의 인연이 있을 터인데 그 인연과 연결되지 못하는 걸 보면 간혹 영혼에 의한 것일 수도 있다. 예를 들어 총각, 처녀가 있는데 총각에게는 여자 영혼이 접신되어 있고 처녀에게는 남자의 영혼이 접신되어 있다고 하자. 그리고 영혼 또한 젊어서 세상을 떠난 파릇한 청춘들이라 하자. 이러한 경우 영혼이 시기, 질투를 할 수 있다. 영혼이라 할지라도 자신이 전생에 결혼하지 못한 한이 남아 자신이 접신되어 있는 사람이 비록 인척일지라도 그 사람을 이성으로 느끼며 항상 같이 있기를 원하여 결혼하지 못하도록 만든다. 하지만 총각의 몸에 총각의 영혼이 접신되어 있다면 반대로 빨리 결혼하기를 원하게 된다. 그것은 자신이 접신되어 있는 총각으로 인해 결혼 생활을 느껴보기 위함이다.

경기도 안양에 산다는 두 처녀가 나를 찾아 온 일이 있었다. 둘 다 서른 다섯의 나이로 혼기를 훌쩍 넘겨버린 노처녀였다. 함께 얘기를 나누어 보니 상냥한 성격에 지혜로운 성품이 결혼을 못한 채 노처녀로 남겨져 있을 이유가 전혀 없어 보였다. 잠시 그들에게 기를 모아 보니 두 사람 다 남자의 혼백이 접신되어 있었다. 한 사람은 한창 젊은 나이에 세상을 떠난 삼촌의 혼백이 붙어 있었고, 또 한 사람은 마찬가지로 청춘의 나이에 숨진 백부의 혼백이었다. 삼촌이 접신되어 있는 처녀는 삼십 번도 넘게 선을 보았지만 이상하리만큼 성사가 되질 않았고, 반면 다른 처녀는 자신에게 접신되어 있는 영혼 때문임을 알고 있었다. 그녀는 영혼과 늘 대화를 주고받아 왔으며, 영혼에게 누구냐 물으면 자신을 산신이라 얘기한다 하였다. 밤이 되면 자신의 옆에 누워 있다가 성적 흥분을 느끼며 자신에게 욕정을 푼다는 것이었다. 하루는 여동생이 옆에 누워 자는데 이상한 소리가 들려 돌아 보니 여동생에게도 그와 같은 행동을 하고 있더라는 것이다. 길을 지나가게 될 때는 지나가는 사람을 가리키며 저 사람은 누구이며 지금 어디로 가고 있으며 어떤 마음을 먹고 있다는 것까지 일일이 이야기를 해 준다 했다. 어느 날은 전철을 타고 서울을 가는 길이었는데, 자신의 좌석 앞에 서 있는 한 남자를 가리키며 저 사람이 지금 너에게

168

성적 흥분을 느끼고 있는 중이라 말하며 무안함을 주었다고 한다. 이렇듯 곁에 찰싹 붙어서 떨어질 줄 모르는 또 하나의 존재가 있다는 것에 참기 힘든 괴로움을 느껴 정신 착란이 일어날 지경이며 몇 번씩 자살을 꿈꾸기까지 했었노라고 내게 토로했다. 어찌하면 좋겠느냐고 물어 오는 그녀에게 나는 말했다.

"영혼의 세계엔 참으로 안타까운 일들이 많습니다. 젊은 나이로 아깝게 세상을 등진 아버지의 형님인데 조카에게 그와 같은 행위를 한다는 게 인간으로 따지면 참으로 파렴치한 짓이지마는 영혼으로 보자면 한참 피어나는 나이에 불같은 욕망을 어쩌지 못하고 비록 조카의 몸이지만 그 몸을 빌어 자신의 욕구를 취하고 있는 것입니다. 그 영혼으로 인해 마음으로부터도 결혼이 힘들어질 수밖에 없을 것이고 설사 결혼을 한다 하더라도 영혼이 함께 하는 한 오래지 않아 헤어지게 될 것입니다."

나의 애기를 듣고는 이해가 가는지 그녀들은 하루 빨리 천도재를 하기를 원했다.

천도재를 하고 난 뒤에도 그녀는 여전히 영혼과 대화를 나누고 있다 했다.

여기서 애기하고 싶은 것은 영혼의 세계란 강약의 차이가 있다는 것이다. 위의 그녀처럼 영혼과 대화가 가능하다는 것은 영혼의 힘이 강하기 때문에 비록 천도가 되었다 하더라도 대화가 계속되는 것처럼 느낄 수 있을 것이다. 위의 사례는 이미 수년 간에 거쳐 습관처럼 자리 잡고 있었던 영혼이기에 그 형상이 모조리 지워지는 데는 어느 정도의 시

간이 필요하다. 점차적으로 약해졌던 기가 회복을 보이면
서 영혼의 소리는 꼬리를 감추게 되는 것이다. 천도를 하는
즉시 모든 게 씻은 듯이 나을 줄 믿는 이들도 있지만 내가
영혼의 세계를 지켜본 결과 몸이 건강한 사람은 빠르게 회
복이 되고 몸이 허약한 이들은 더디게 좋아지는 것을 볼 수
있었다. 그녀의 경우도 점차적으로 좋아진 사례라 할 수 있
다.

자식이 결혼하지 못한 채 외로이 살아가고 있다면 어느
부모가 안타깝지 않겠는가마는 위의 사례를 통해 보면 본
의 아니게 이러한 피해를 당하고 살아가는 사람들이 많을
거란 생각에 안타까움을 느꼈다.

꿈에 호박이 주렁주렁

불가에서는 전생에 덕을 얼마나 베풀었느냐에 따라 그 쌓인 덕을 현생에 되돌려 받는다 했다. 그래서 현생의 내 모습을 보면 전생을 알 수 있다 한다.

사람이란 공부 잘하고 머리만 비상하다 하여 출세가 가능한 것은 아니다.

인간은 각자 여러 가지 재능을 가지고 태어난다. 공부에 두각을 나타내는 사람, 예능에 소질을 보이는 사람, 경영에 뛰어난 사람, 손재주가 있어 기술에 관심을 가지게 되는 사람 등 어느 한 가지 남보다 뛰어난 재능을 가지고 있다.

누구나 자기가 하고자 하는 일을 할 때 발전 가능성이 가장 높아진다. 대학에는 여러 학과가 있으며 누구나 자신이 원하는 학과에 들어가 원하던 공부를 하고 싶을 것이다. 만일 부모님의 뜻에 따라 적성과는 상관없이 진로를 선택했다면 진정 하고픈 것에 대한 미련을 버리지 못한 채 방황하게 될지도 모를 일이다.

97년 내가 서울 포교원에 있을 때의 얘기다.

깔끔하게 차려 입은 오십 대 초반쯤으로 보이는 부부가 나를 찾아왔었다. 어떻게 찾아오셨느냐고 물으니 내가 쓴 천도재란 책을 읽고 찾아오게 되었다고 한다. 그리고 계속해서 부인의 이야기가 이어졌다.

"저의 남편은 초등 학교부터 대학 때까지 일등을 놓쳐 본 적이 없는 수재였는데 사업을 시작하면서 왜 이리 되는 일이 없는지 사업도 부도 직전이고 정말 걱정스럽습니다. 이상하게도 무언가 될 만 하면 일이 꼬여 조상이 노하신 게 아닌가 하는 생각까지 들 정도입니다."

"지금 무슨 일을 하고 계십니까?"

"건설 회사를 하나 운영하고 있습니다."

앉아 있는 남편을 보니 마지못해 부인을 따라나선 듯 무관심한 표정으로 한쪽 다리를 가만두지 못하고 계속해서 떨고 있었다. 그 모습을 보고 있으니 꼭 자신의 복이 달아나게 하는 행동으로만 보여 민망할 지경이었다.

"세상에는 머리만 좋은 바보들이 많습니다."

그 말이 떨어지자 그는 귀가 솔깃해지는지 내 쪽을 쳐다보았다.

"머리가 좋고 꼼꼼한 사람들은 모든 일에 있어서 계산적으로 생각합니다. 하지만 사람을 다스려야 하는 일이 어디 그런 면들로민 가능한 일입니까? 마음에 들지 않는 부분이 있다면 몇 번의 질책으로 질서를 잡아나가되 가끔은 인간적인 면모를 발휘하여 다독거려 주는 지혜가 필요하겠지요. 덕이 없이 그저 똑똑하기만 한 것보다 덕을 베풀 줄 아는 지혜로운 사람이 되십시오."

"어떤 의미로 하시는 말씀이십니까?"

"사람이란 무조건 철저하고 꼼꼼하다고 해서 하는 일이 잘 되는 것은 아닙니다. 물론 회사에서 사무를 처리하는 것은 정확하게 해나가야 하는 게 옳은 것이지요. 그러나 인맥은 그렇지 않습니다. 인간과 인간의 맥은 어리석음도 필요한 법이랍니다. 너무 타산적으로만 인간 관계를 하게 되면 덕이 부족하여 사람이 따르지 않습니다. 자신을 낮추시고 중도를 지키십시오. 너무 똑똑하지도 너무 어리석지도 말라는 얘기지요. 예를 들어 친구가 네 사람 있다고 합시다. 두 사람의 친구는 강인한 성격에 지기 싫어하는 친구들이고 한 친구는 약간 어리숙한 친구입니다. 마지막 한 사람은 강인하지도 어리숙하지도 않은 성품의 친구라 한다면 강인한 성품의 두 사람은 자신들이 싸워도 융화시켜줄 수 있는 역할을 하는 중도를 지키는 친구를 믿고 따르게 됩니다. 그렇게 되면 중도를 걷는 친구는 세 친구 모두 적을 두지 않게 되지요. 그래서 사회생활을 하며 살아가려면 중도를 잘 지켜 나가는 것이 자신에게 득이 되는 것이지요."

내 얘기를 귀담아 듣고는 마음에 와 닿는 것이 있는지 남편이 말했다.

"스님, 저는 여태껏 사주나 천도재 같은 것들은 믿지 않았습니다. 세상 살이는 노력한 만큼 얻어지는 것이라 생각해 왔기 때문이죠. 그러나 제 머리와 노력으로도 성공하지 못하고 실패를 거듭하다 보니 정말 운이란 것이 있지 않을까 믿고 싶더군요. 내가 조상께 소홀해서 이런 것일까 별 생각이 다 들더군요."

"남의 밑에서 일을 하는 사람이 철저하고 꼼꼼하게 일해 주면 상사에게 칭찬을 받고 별 문제없이 살아 가겠지만 사업을 한다는 것은 앞에서도 말했지만 원만한 인간 관계를 통한 인맥이 중요하다는 것이지요. 나의 노력과 인맥이 원만함에도 일이 꼬여만 간다면 조상에 문제가 있어서 일지도 모릅니다."

충분한 시간 동안 이야기를 나눈 끝에 마음이 가까이 와 닿았는지 자신을 좀 봐 달라했다. 그의 생년월일로 관법을 통해 그의 운명을 알아보니 나무랄 데가 없는 운명이었다. 무언가 문제가 있다면 영가에 대한 소홀함이 아니겠는가 생각하고 기를 모아보았다. 그랬더니 내 앞에 그들의 부모인 듯한 망자 두 분의 모습이 나타났다. 화가 나 있는 듯한 망자들을 보며,

"내가 생전에 너에게 말하기를 내 죽거든 절에 가서 사십구재를 지내고 해마다 백종날 위패를 올려달라 했거늘 우리의 청을 무시한 채 넘어가다니, 내가 너를 어떻게 키웠고 어떻게 가르쳤는데…. 그리고 재산까지 물려주었거늘 부모 위해 쓰는 것이 그다지도 아깝더란 말이냐? 배은망덕한 놈 같으니… 부모를 이리 홀대하고도 너희가 잘 되기를 바랐더냐?"

라고 하며 마구 야단을 치는 것이었다. 영혼이 그 나름대로 자식에게 맺힌 한이 있는지라 나는 이 말을 그대로 전하였다. 부부는 이 말을 전해 듣고는 마음이 동요되는지 갑자기 무릎을 꿇고 앉아 부모님께 사죄하며 용서를 빌기 시작

했다. 그리고 하루 빨리 천도재를 할 것을 약속하였다. 천도재를 지내고 몇 개월 후 그는 다시 나를 찾아와 말했다.

"천도재를 지내고 난 그 날 밤 꿈을 꾸었습니다. 꿈에 평택의 시골집이 보이더니 그 담벼락에 푸르스름한 호박들이 주렁주렁 열려 있고 밭으로 가 보니 거기에도 잘 익은 호박이 널려 있는 것이었습니다. 자고 일어나 집사람에게 이야기했더니 아무래도 좋은 꿈 같다며 다른 사람에게는 이야기하지 말라고 해서 지금까지도 이야기하지 않고 있었는데, 하는 일이 하나 하나 잘 풀려 나가는 것 같아 이렇게 스님을 찾아 뵙고 말씀 드리는 것입니다."

"부모님을 천도해 드린 뒤 꾸신 꿈이니 분명 참으로 좋은 꿈입니다. 집 담벼락에 퍼런 호박이 열려 있는 것의 의미는 운이 서서히 오고 있다는 것이며 밭에 잘 익은 호박이 널려 있었다는 것은 운이 다가오며 몇 년 안에 재물이 넘쳐난다는 뜻입니다."

"스님, 그래서 그런지 일이 서서히 풀리는 것이 요즘엔 한결 마음이 편안해졌습니다. 그리고 저번에 스님이 하신 말씀을 새겨 나를 낮추려 노력하고 있습니다. 처음에는 생각처럼 잘되지 않았지만 계속해서 노력하니 사람들과 훨씬 가까워진 것 같습니다."

"덕은 자신이 만들어내는 것입니다. 살면서 자신의 자존심에 손상을 입는 일도 생기지만 그런 때에 인내심을 발휘하여 참아냄으로써 오히려 다른 사람으로부터 존경을 받게 되는 것입니다."

머리도 뛰어나고 자신이 하고자 하는 일에 최선을 다해

노력했음에도 불구하고 일이 잘 풀리지 않을 때는 뭔가 문
제가 있는 것이다. 너무 일에만 치중하여 일에 중요하게 따
라붙는 인간 관계의 형성이 원만하지 못했다든지 조상에
대한 소홀함으로 인해 미움을 샀을 수도 있는 일이다. 뒤늦
게라도 자신의 마음을 깨우쳐 망자의 원한을 달래줄 수 있
었으니 참으로 다행한 일이었으며 그 후로 하는 일이 잘 풀
려 나간다 하니 더 바랄 수 없이 좋은 일이 아닐까 싶다.

엄마를 때린 아들

　가끔 사회의 이면을 들여다 보면 윤리와 도덕에 어긋나는 파렴치한 사건들이 고개를 내두르게 만든다. 부모나 형제를 죽이는 패륜행위까지 공공연히 저질러지고 있는데, 이것은 급변하는 사회와 함께 뿌리 째 흔들리고 있는 인성 교육을 다시 한번 생각하게 한다. 옛 어른들이 매를 들면서까지 자식의 잘못된 행동들을 꾸짖었다면 현시대의 사람들은 그저 어르고 달래는데 급급하여 진정한 울타리가 무엇인지를 잃어버리는 경우가 많다.

　언젠가 서울에 사는 사십 대 부부가 나를 찾아온 적이 있었다. 표정이 심상치 않은 것이 수심이 가득해 보였다. 사연을 묻자 깊게 한숨을 내쉬더니,

　"스님, 우리 집처럼 기막힌 집이 어디 있을까 싶습니다. 저에게는 아들이 하나 있는데, 지금 계속 학교엘 다녔다면 중학교 3학년이 되었을 녀석입니다. 어느 날 학교엘 갔다 돌아와서는 갑자기 헛소리를 하며 집안에 있는 물건들을

보이는 데로 집어던지기 시작하더니 심지어 이제는 저에게
까지 손찌검을 합니다. 남편이 회사에 가고 없을 때 그런
불상사가 생기는 일이 많아서 가끔 참기 힘들 때는 남편을
불러 어떻게든 말려 보려 했지만 저희 아버지까지 밀어 넘
어뜨리고 만답니다. 그런 모습이 나타난 뒤부터 학교도 그
만두게 되었지요. 부인의 말이 끝나자 다시 남편의 말이 이
어졌다.

"스님, 아이가 얼마나 힘이 센지 도저히 그 힘을 감당해
내지 못할 정도입니다. 중학생 아이의 힘이라고는 믿기지
않습니다. 정신병원에 입원까지 시켜 보았지만 별 차도도
보이지 않고 마음이 안쓰러워 다시 집에 데리고 오니 또 난
장판이 되어 있는 것입니다. 집안을 들쑤셔 놓고 다시 정신
이 돌아오면 어쩔 줄 몰라하며 우리에게 잘못했다고 싹싹
빕니다.

자신이 왜 이러는 지 모르겠다 하면서 눈물을 흘리기까
지 하구요. 저렇게 병이 나기 전까지는 아주 유순하고 항상
부모 말에 순종할 줄 아는 아이였습니다. 몇 번씩이나 굿을
하고 이름난 곳에 가서 천도도 해 보았지만 아무 소용이 없
었습니다. 이게 마지막이라 생각하고 오늘 스님을 찾아왔
습니다."

"정말 잘 찾아 오셨습니다."

나는 서둘러 아들에게 기를 모아 보았다. 그 아이에게는
아버지의 형제인 삼촌이 접신되어 있었다.

"처사님께는 죽은 남자 형제가 있으시지요?"

"네, 그렇습니다."

"아주 젊은 나이에 세상을 떠났군요."

"스물 다섯에 군대 제대하고 가난한 집안 형편 때문에 외국에 노동자로 나가서 일하다 현장에서 추락사고로 목숨을 잃었습니다."

"처사님, 죽은 형제분께선 꽃다운 청춘에 세상을 떠났습니다. 그리고 노동자로 일하시다 가셨습니다. 더없이 젊은 나이에 근력이 필요한 일을 한 탓에 근육이 발달되어 얼마나 힘이 넘쳤겠습니까? 이 영혼이 아이에게 접신되어 있었으니 아이의 힘과 더불어 강하게 발휘가 된 것입니다. 영혼이 아이를 희생시켜 자신의 존재를 나타내고 싶어하고 그로써 자신이 대접받게 되므로 그런 행동들을 취하게 된다고 볼 수 있죠."

부부는 이해가 가는지 고개를 끄덕였다.

몇 일 뒤 천도재가 치러졌고 천도를 하고 난 뒤 삼십 삼일 간 지장기도를 하기도 했다. 기도의 정성이 지장보살님께 닿아서인지 아이는 예전의 유순했던 모습으로 다시 돌아왔으며 지금은 학교에 복학하여 밝게 생활하고 있다.

부모를 죽이는 패륜도 저질러지는 세상이지만 위의 아이처럼 부모에게 순종하던 아이가 갑자기 돌변하여 행패를 부리거나 하는 일은 자신의 의지와 상관없이 영혼의 마음이 작용하여 일어난 것이다. 위의 아이를 보며 이 아이의 상황과 비슷한 아이가 또 다른 어디에서 고통받고 있지 않을까 하는 생각이 문득 들었다.

꿈에 연탄불이 타오르다

기도를 생활화한 사람은 마음이 맑아져서 혜안이 생겨 기도에 입재하거나 회양하는 날에 꼭 꿈을 꾸게 된다. 마지 못해 기도를 하는 사람은 마음으로부터의 정성이 부족하여 꿈을 꾸지 않는 사람도 있다. 정성이 조금 부족하더라도 기도에 첫 발을 내딛는 일이니 마음을 깨우칠 수 있는 지름길을 마련하게 되는 것으로서 참다운 길로 접어든 것이라 볼 수 있다. 처음엔 좀 게을리 하게 되더라도 차츰 차츰 신심이 묻어 나서 기도하게 되면 길몽을 꾸게 되며 집안이 편안해진다. 기도를 생활화하여 꿈을 자주 꾸게 되었다는 사람의 얘기를 들어보자.

대구에 사는 박영자 라는 오십대 후반의 부인이 부산에 있는 포교원으로 나를 찾아왔다.

"저희 아들 문제로 스님을 뵙고자 왔습니다."

나는 아들의 신상을 묻고 잠시 관하여 보았다.

"지금 사업을 하고 계시군요."

"네, 그렇습니다."

"아드님의 사업이 번창해 나가고 있는데요"

"그런 것 같더니 근래 들어 사업이 어려워지고 있습니다."

"아드님이 어떤 사업체를 가지고 계신가요?"

"패스트푸드점을 운영하고 있습니다."

한참 생각 끝에 영혼에 대한 기를 모아 보았더니 아들에게 할아버지의 영혼이 접신되어 있다는 신호가 왔다.

"보살님, 시아버지께서 돌아가셨지요?"

"네, 그렇습니다."

"시아버지께서 어떻게 돌아가셨습니까?"

"치매로 오랜 기간 고생하다 돌아가셨습니다.

그런데 돌아가신 시아버지와 아들의 사업이 무슨 연관이라도 있습니까?"

"오랜 병환에 효자 없다고 돌아가신 시아버님께서 자식이나 며느리에게 섭섭한 마음을 품고 돌아가셨습니다."

"아니 그럴리가요. 남편이나 저는 아버님께 도리를 다하려 애썼습니다."

"서로 간의 생각의 차이지요. 보살님이나 남편께서는 부모를 위해 도리를 다했다 하나 어디 병들어 있는 사람의 마음이 그렇습니까? 조금만 아랫사람이 눈치가 안 좋다 느껴도 섭섭함을 가질 수 있을 것입니다. 그런 마음으로 죽음을 맞으면 그 마음이 가슴에 맺혀 있어 자식에게 좋지 않은 일이 발생하거나 손자 손녀에게도 그 해가 갈 수 있는 것입니다. 남편 분은 지금 무엇을 하고 계십니까?"

"저의 남편은 공직에 있다가 정년 퇴직하고 지금은 쉬고 있습니다."

"아마도 아버님의 영혼이 상황도 좋지 않은 아들에게 피해를 줄 수 없으니 손자에게 그 해가 가해진 것 같습니다. 살아 생전에 성격이 조금 급하신 분이 아니었나 싶은데 어떻습니까?"

"좀 그런 편이셨습니다."

"이런 경우는 죽어서도 자식에게 대접받기를 원하는 것이니 천도재를 하시고 기도를 해 주십시오."

"그렇게 하면 좀 괜찮아지겠습니까?"

"네, 그렇습니다. 영혼은 지금 아드님이 운영하고 계시는 가게 앞에서 계십니다. 그렇게 영혼이 가로막고 서서 들어오려는 손님들을 차단하고 있으니 장사가 잘 되지 않는 것입니다."

"스님 말씀을 들으니 이해가 되는군요. 그럼 하루 빨리 천도재를 부탁드립니다."

천도재를 지낸 다음날 그 부인으로부터 전화가 왔다.

"스님, 오늘 새벽에 꿈을 꾸었는데, 아버님이 주무시던 방의 연탄 아궁이가 보이더니 그 아궁이에서 아버님이 활활 타오르는 연탄불을 빼 가지고 밖으로 나가시려 하기에 제가 왜 연탄불을 가지고 나가시느냐고 아버님을 붙잡고 놓아주지 않자 화난 표정의 아버님이 저한테 욕설을 퍼붓더니 다시 그 연탄불을 아궁이에 넣으셨습니다. 그렇게 아버님과 싸우게 되는 꿈을 꾸고 나니 마음이 상해 죽겠습니다. 더구나 천도재를 하고 나서 이런 꿈을 꾸었으니 몹시 불길한 기분이 듭니다."

"보살님, 꿈은 반대로 해석하라고 하지 않던가요. 비록 아버님과 꿈에서 다투었지만 천도재를 지내주어 연탄불을 보게 된 것입니다. 천도재를 지내주지 않았다면 연탄불을 빼 가지고 다른 곳으로 가지고 가던지 밖에 내던져 버릴 수도 있습니다. 꿈에 불을 본 것은 길몽이고 그 연탄불을 아버님의 영혼과 실랑이 한 끝에 다시 찾아 넣으셨으니 집안에 연탄불 타오르듯 좋은 일이 찾아온다는 뜻입니다."

이렇게 얼마의 시간 동안 전화로 마음을 안정시켜주며 나는 연탄불이 나오는 그 꿈은 분명 길몽일 것이란 확신이 들었다. 삼 개월이 지나고 그녀는 천도하고자 하는 이들을 두 사람이나 데리고 나를 찾아왔다. 아들의 사업은 어떠냐고 물으니 지금은 순조롭게 잘 되어 가고 있으며 마음도 많이 편안해졌다고 했다. 그리고 천도재 이후 하루도 빠짐 없이 기도에 열중하고 있다며 기도를 하고 나서부터 꿈을 아주 자주 꾸게 되었다 했다. 지금도 그녀는 가끔 전화가 와서 항상 나에게 꿈 이야기를 하곤 한다.

이렇게 꿈이란 것은 기도가 거듭될수록 맑아진 영혼 때문에 자주 꾸게 되는 것이므로 정성으로 기도하는 것이 혜안을 기르는 일에 큰 도움이 된다는 것을 알 수 있었다.

기사회생한 사람

자식이 아파 누워 있다면 부모의 마음은 천 갈래 만 갈래로 찢어질 것이다. 내 팔자가 기구해서 자식이 이렇게 괴로움을 겪는 것이라 비관하며 자식의 병을 낫게 하기 위해서는 명약이며 명의며 모두 동원해서라도 병치료를 할 것이다. 병이란 나을 수 있는 병이 있고 그렇지 못한 불치의 병이 있다. 치료를 받아 나을 수 있는 병이라면 다행한 일이지만 난치병에 걸린 사람들은 그래도 희망을 버릴 수 없기에 종교에 매달려 기도원 등을 찾는 경우도 있다. 종교에 매달려 본다 한들 병은 이미 깊어져 손을 쓸 수 없는데 무슨 희망을 가질 수 있단 말인가? 이미 때는 늦었고 그저 병자의 마음에 위안이나마 될 수 있도록 하는 최선의 노력이라 볼 수 있을 것이다. 그러나 죽음에 임박한 자늘의 마음은 기적이라도 일어날 수 있다면 하는 마음도 없진 않을 것이다. 가끔 사람들이 나에게 원인 모를 병으로 죽어가고 있는 사람을 어떻게 낫게 하였냐고 물어오지만 나는 그런 사람들에게 꼭 이 이야기를 해 주고 싶다. 내가 다 죽어 가는 사람을 살릴 수 있는 것은 영혼에 의해 고통받고 있는 일부의 사람이지 암이나 뚜렷한 병으로 죽어가고 있는 사람을 살린다는 것은 말도 안 되는 얘기이다.

내가 서울에서 포교원을 하고 있을 때이다. 진주에서 연세 지긋한 노인 한 분이 찾아왔다. 첫눈에 알아볼 수 있을 만큼 할머니의 얼굴은 악의가 없는 선한 인상이었다. 어떻게 오셨냐고 물으니 들어서자마자 통곡을 하며 우는 것이었다. 서러움에 북받쳐 한참을 울다가 하는 말씀이,

"스님, 하나 남은 제 자식놈을 좀 살려 주십시오. 이 늙은이가 무슨 죄가 많아 이러는지 정말 죽을 노릇입니다."

노인의 모습이 얼마나 측은해 보이던지 나까지 눈시울이 붉어져 왔다.

"보살님, 진정하시고 얘기해 보십시오."

"스님, 저는 아들만 셋을 두었는데, 둘은 이미 병들어 죽고 마지막 막내아들만 살아 있습니다. 그런데 이 놈마저도 저희 형들과 똑같은 병으로 죽어가고 있습니다. 병원 치료며 좋다는 약이며 다 써 보아도 나을 조짐은 조금도 보이질 않고 병만 더 악화되어 죽을 날이 얼마 남지 않은 것 같습니다."

노인의 아들에게 기를 모아 보니 어렸을 때 죽은 백부가 접신되어 있었다.

"어렸을 때 죽은 백부가 접신되어 있군요."

"시어머니께서 살아 계실 때 제게 그러시더군요. 애들 아버지 바로 위 형님이 어렸을 때 돌아가셨다구요. 그렇게 세

상 뜨신 지 오래된 양반이 저승엘 못 가고 제 자식에게 붙어 있단 말씀입니까?"

"이미 첫째 아드님에게 접신되어 있다가 첫째 아드님이 죽자 다시 둘째 아들에게 접신되고 둘째가 숨지자, 마지막으로 막내아들에게 접신된 것입니다. 지금 앓고 있는 막내아드님은 백부와 두 형제까지 접신되어 이중 삼중고를 겪고 있는 것입니다. 사람의 죽음에도 차이가 있듯이 죽어서 저승에 가는 것도 빨리 가는 사람이 있고 늦게 가게 되는 사람이 있지요. 그것은 살아 생전에 자신에 대한 애착이 강한지 약한지에 따라 달라지는 것입니다."

"그럼, 백부를 저승길로 인도하게 되면 제 아들의 병이 완치될 수 있습니까? 그렇다면 백부뿐만 아니라 죽은 두 아들에게도 천도재를 해 주고 싶습니다."

"천도재뿐 아니라 백부와 두 아들을 위해 지장기도를 해 주십시오.

"스님, 저는 천주교를 믿고 있는데 부처님께 기도를 해도 될까요?

"사람이 생사의 갈림길에 놓여 있는데 종교가 뭐가 그리 중요합니까? 아드님을 살려놓고 보셔야하지 않습니까? 그 후에는 어느 누구를 믿고 기도하시든 소승은 개의치 않습니다. 믿음은 자신의 뜻이니까요. 매일매일 여기까지 와서 기도하시라는 게 아닙니다. 집에서 기도하시면 됩니다."

"그럼 스님, 어떻게 기도하면 되는 건가요?"

나는 기도의 내용을 자세히 설명해 주며 백일 간을 집에서 기도하라고 일러주었는데 노인이 종교를 초월하여 어찌

나 기도에 공을 들였는지 오십 일이 지난 어느 날 노인의
조카 되는 분이 나를 찾아왔다. 그녀는 부산의 어느 대학
교수였는데 서울에 들른 길에 죽어가던 친척 동생이 기사
회생한 것을 보고 나에게 알려줄 겸해서 찾아왔다고 했다.
너무도 신기한 나머지 서울에 계신 스승과 제자들을 데리
고 함께 온 것이었다. 나는 노인이 종교를 초월하여 아들을
위해서 얼마나 기도에 공을 들였는가를 알 수 있었다. 그
후 그녀는 내가 언양의 배내골에 있을 때에도 많은 사람들
을 내게 인도하였다. 그녀를 통해 전해져오는 소식에 따르
면 2년이 흐른 지금, 그녀의 친척 동생은 완전히 회복하여
낚시와 산책을 즐기며 건강한 나날들을 보내고 있다고 했
다.

스님 저 좀 도와주세요

남녀가 하나로 맺어져 살아 간다는 것, 그 얼마나 어렵고 도 소중한 인연인가. 불교에서는 부부로 맺어진 인연을 전생에 제일 가까운 사이라고도 말한다.

옛날 사람들에겐 아무리 살아가는 게 힘들고 고달파도 자식을 위해 일생을 같이 사는 것이 당연한 이치로 받아들여졌지만 요즘은 세태가 많이 변하여 이혼이란 말이 입에 오르내리는 게 쉽게 받아들여지고 있는 것이 사실이다. 여러 가지 불화와 갈등으로 서로의 마음을 아프게 하면서 이혼이란 현실 앞에 서 있게 되면 그만큼의 업이 쌓이는 법이다. 이혼이란 정말이지 심사숙고해야 할 문제가 아닐 수 없다.

울산에서 자은 회사를 운영히고 있는 사십 대 초반의 여성이 나를 찾아왔다.

인물이 출중하고 아주 젊어 보이는 얼굴이라 사십 대라는 것이 믿어지지 않았다. 사연을 물으니 커다란 눈망울에

188

눈물이 고이며,

"스님, 사람 팔자가 왜 이런 것일까요? 저희 집안은 아버지가 정치인이셨기에 무척 완고한 편이십니다. 아버지께서 외국에서 대사로 있으셨기 때문에 어린 시절을 외국에서 보냈고, 학교는 영국에서 다녔습니다. 오랜 외국 생활로 그쪽 문화와 습관에 익숙해 있던 저는 한국으로 돌아와 한국 문화에 적응하며 살아가는 게 무척 힘이 들었습니다. 그 때 친한 친구의 소개로 선을 보게 되었습니다. 울산에서 제법 유망한 사업체의 경영자인데다 당당한 체격에 첫 인상도 호감이 가는 스타일이었어요. 저는 조금 지켜본 끝에 이만하면 괜찮겠다 생각하고 마음의 결정을 내렸습니다. 그래서 서둘러 부모님께 결혼 허락을 받고 결혼식을 올렸답니다. 처음엔 별 문제가 없어 보이는 결혼 생활이었지요. 그런데 결혼을 하고 4개월쯤 지난 뒤부터 남편이 자주 집에 들어오질 않는 거예요. 처음엔 공장 일이 바빠서 그렇겠거니 생각했습니다. 시간이 지나면 지날수록 횟수가 잦아지는 것이 결국엔 의심을 떨칠 수 없어 사람을 시켜 뒤를 밟아보게 했더니 그의 뒤엔 도박과 여자가 있었습니다. 밤을 지새며 도박을 하고 여자와 외박을 하는 것입니다. 이런 일들이 습관이 되었는지 돈이 필요할 때를 제외하곤 집에 잘 들어오질 않아요. 처음엔 제법 괜찮았던 사업 역시 업무에 신경 쓰지 않은 채 부하 직원에게 맡겨 놓고 돌아다니는 통에 일거리도 많이 놓치고 엉망이 되어 있습니다. 참다못해 제가 회사에 나가 억지 춘향으로 사장 일을 보고 있답니다. 도대체 어찌해야 하겠습니까? 완고하신 부모님을 생각하면 도저히 이혼 얘기를 꺼내지 못하겠습니다."

두 사람에게 기를 모아 본 결과 남자에게는 죽은 삼촌의
영혼이, 여자에게는 어린 고모의 혼백이 접신되어 있었다.

"보살님, 영혼의 세계란 참으로 복잡합니다. 남편은 남편
의 의지가 아니라 남편의 몸에 접신되어 있는 삼촌의 의지
대로 영혼이 좋아하는 여자 영혼을 찾기 위해 바람을 피우
고 도박을 하게 되었을 것입니다. 보살님께 접신되어 있는
영혼은 어린 고모의 영혼이므로 영혼과 영혼끼리의 관계가
맞지 않는 것이지요."

"스님, 그럼 어떻게 해야 하나요?"

"천도를 하여 영혼을 저승으로 보내야 합니다."

"당장 천도를 해 주세요."

그 무렵에는 천도를 원하는 사람들이 너무 많아 천도를
하기 위해서는 4,5개월을 기다려야만 했다.

"보살님, 어쩌면 좋지요? 5개월 정도 기다리셔야 가능할
것 같습니다."

"스님, 제발 부탁드립니다. 이 지경으로 어찌 5개월을 견
디겠습니까?"

참으로 곤란한 노릇이 아닐 수 없었다. 생각 끝에 법회가
있는 날은 천도를 하지 않으니 초하루에 있을 법회 날에 천
도를 해 주기로 약속했다.

전도재를 하고 나서 삼십 삼일 간 기도를 하기로 약속을
하며 그녀는 집으로 돌아갔다. 그리고 기도가 끝날 무렵 내
게 전화가 왔다.

"스님, 평소에 눈이 답답하고 피로해지며 튀어나올 듯이

아팠었는데, 천도재를 하고 나서는 아주 편안해졌습니다. 그리고 서울 친정에 전화를 걸었더니 아버지가 꿈 얘기를 하시는데, 신기하게도 꿈에 할아버지께서 나타나 아버지의 뺨을 때리고 사라지시더랍니다. 그건 무슨 의미일까요?"

"할아버지께서 뺨을 때리신 것은 저승에 가기 싫어서일 것입니다." 영혼이 꼭 저승에 가고 싶어하는 것은 아닙니다. 아직 이승에 애착이 남아 있는데 천도재로 인해 저승에 인도되니 어쩔 수 없이 떠나야 하는 것에 화가 나서 자식에게 손찌검을 했을 것입니다."

"스님, 할아버지께서 아버지께 접신되어 있어서 얼마 전 아버지가 뇌수술을 받으신 것일까요?"

"물론 자신의 혈압으로 인해 쓰러진 사람도 많겠지만 꿈에 할아버지가 나타나셨다는 것으로 보아 아마도 그런 것 같습니다. 보살님이 지내드린 천도재와 기도의 공덕으로 할아버지께서도 저승으로 드셨기에 아버님의 건강 역시 좋아지실 겁니다."

천도 몇 개월 후, 도박과 여색에 빠져 있던 남편에게도 변화가 생겼다 한다. 도박도 싫고 여자도 싫어졌다며 그 동안의 잘못을 참회하고 가정과 회사 일에만 충실하며 살아가고 있으며, 지금은 부부가 함께 열심히 일하고 있다.

사람이란 겉모습만 보아서는 알 수 없다. 어디 하나 흐트러짐 없이 보이는 사람이지만 자신의 팔자와는 다르게 영혼에 의한 고통을 받아오고 있질 않았는가.

위의 사례와 같이 안타까운 일들이 우리 인간사에 비일비재하리란 생각에 묘한 아쉬움이 남았다.

4부

기도와 영험

기도와 영험

　기도란 중생들의 아픈 마음을 치유하여 고뇌에 빠져 있는 사람을 달래주는 것이다. 또한 기도를 통하여 영험을 얻을 수 있고 그 영험으로 신심이 더욱 우러나게 된다. 이렇듯 깨달음을 통해 부처를 이루는 마음을 가지게 되는 것이다. 이러한 지극한 마음이 현생에서 내생까지 연결되어 내생에는 수행자로 태어나게 될 수도 있다. 눈앞에 보이는 것만을 추구하고 순간의 쾌락에만 빠져 산다면 그것은 업을 쌓아만 가는 것이니, 잠시나마 삶을 뒤돌아보며 반성하고 기도하는 시간을 가진다면 자신의 인생에도 큰 도움이 되며 자아가 성숙할 수 있는 길이기도 하다.

　선 사상으로 전해 내려오던 우리 나라 불교가 지금에 와서는 많이 달라져 가고 있다. 불교 대학이나 또는 절 자체 내에서도 신도들에게 불교의 교리를 강의할 수 있게끔 포교사를 배출하여 도심 한복판에 포교원을 짓는 등 열의를 보이고 있으며 옛날에는 일년에 고작 몇 번쯤 절을 찾던 신도들이 꾸준히 절을 찾는 모습들을 많이 볼 수 있다. 이런 현상은 현대화의 물결에 따라 타 종교와 비슷해져 가고 있다.

기도란, 어려운 난관이나 위험에 부딪혔을 때 헤쳐 나갈 수 있는 힘을 주며 좋은 인연을 만날 수 있도록 도와준다. 병든 자에겐 좋은 약을 만나게 해 주고 결혼을 앞둔 사람에겐 어울리는 배필을 만나게 해 주며 수험생에겐 노력한 만큼의 결실을 맺을 수 있도록 기원해 준다. 사업하는 사람에겐 도움을 주는 사람을 만날 수 있도록 해 주고 장사하는 이에겐 손님의 발길을 그 쪽으로 돌릴 수 있게 해 준다. 집을 나가 소식이 없는 사람에게서 소식을 가져다 주고 잘 풀리지 않는 일은 빨리 그만두게 하여 다시 새로운 일에 인연을 맺게 해 준다.

기도란, 금강경, 천수경, 반야심경, 지장경, 천지팔향경, 화엄경 등의 경과 아미타불, 석가모니불, 약사여래불, 비로자나불, 미륵불 등의 부처와 관세음보살, 대세지보살, 지장보살 등의 보살과 화엄성종, 칠원성군, 산왕대신, 용왕대신 등의 신들에게 드리는 기도가 있다. 그리고 무엇으로 하여금 기도를 하느냐에 따라 기도의 방법이나 날짜 등이 달라진다.

시작이 반이라는 속담이 있고, 노느니 염불한다는 말도 있다. 기도는 자신의 마음을 일으켜 첫 발을 내 디딤으로써 시작이 되고 번뇌와 고통이 사그라드는 마음의 빛을 통하여 습관이 된다. 생활의 습관으로 자리잡게 되면 기도하지 않는 날들에 오히려 허전함을 느끼게 될 것이다. 기도가 습

관처럼 마음에 자리잡는 한 깨달음이 열리고 부처에게로
이르는 길이 서서히 보이기 시작할 것이다.

기도의 수칙

1. 몸과 마음을 청결히 하고 합장하여 기도하라.
2. 하루 중 가장 편안한 시간에 기도하라.
3. 취한 상태로 기도하면 안 된다. 반드시 또렷한 정신으로 기도에 임하라.
4. 기도하는 기간에는 되도록 거친 언행을 삼가라.
5. 정해진 기도 기간을 반드시 지켜라.
6. 내가 무언가를 이루고자 하는 기도이므로 기도하는 동안은 마음의 여유를 가지고 기도하라.
7. 기도는 언제 어느 장소에서나 할 수 있다. 어느 곳에서든 정신을 집중하여 잡념을 떨치고 기도하라.

기도를 시작하려면 우선 절에 가서 부처님께 입재하고, 기도하는 중간에 음력 초하루나 보름이 끼어 있을 때는 절에 나가 참배하여야 한다. 또한 기도를 마치는 날에도 절에 찾아가 회양을 하여야 한다. 입재날이나 회양날에는 과일과 쌀 공양을 올리며 기도한다. 경을 외우며 기도하거나 진언을 외우며 기도할 때 처음에 이러한 진언으로 시작한다.

> "개경게 무상심심 미묘법 백천만겁 난조우
> 아금문견 득수지 원해여래 진실의 개법장진언
> *옴아라남 아라다"(3번)

> "더없이 높고 깊은 부처님 묘한 진리
> 백천만겁 지내어도 만나 뵙기 어렵도다
> 제가 이제 듣고 보고 마음에 두어 외우오니
> 부처님 참다운 뜻 사무쳐 깨달으이다"
> (경전을 찬탄하는 게송)

이와 같은 진언을 외우고 난 다음, 본인이 외우고자 하는 경과 부처님, 보살님, 신들을 찾으며 가끔 중간에 한번씩,
"원성휘진언 옴아모까 살바다라 사다야 시베훔"(3번)라고 자신의 마음에 품은 원을 이루어 주십사 기원한다.
내가 지장기도를 할 때 만인을 위해 기도하라던 지장보살님의 목소리를 나는 아직도 잊을 수 없다. 이 같은 말씀을 하신 것은 중생들을 위해 기도하고 그들에게 기도하는 법을 알려 주라는 의미이기도 하다. 정성을 들여 기도하면 되는 것이지 기도하는 법이 따로 있겠나 생각할 수도 있지만 기왕이면 기도의 법을 알고 하면 좀 더 경건한 의식이 되지 않을까 생각한다.

관음기도

　불교에서는 관세음보살을 구원의 보살이라 하여 가장 많이 찾는다. 천수 천안 관세음보살이라고도 하는데, 천수 천안이란 천 개의 손과 천 개의 눈이 있어 멀리 앞을 보며 많은 변장으로 나타나신다 함을 뜻한다.

　관세음보살을 정성으로 찾고 구원을 요청하면 천 그릇에 물을 떠놓고 밝은 달빛에 그림자가 비치듯이 나타나신다고 한다. 그리고는 넓은 아량과 인정으로 중생들에게 어지신 마음을 베풀어 보살핌을 주신다고 한다. 또한 삶의 고달픔 속에서 관세음보살을 찾으면 마음이 편안해지고 자비로운 마음이 일어나 지혜도 얻을 수 있다.

　그렇다면 지금부터 고재유 라는 사람의 관세음보살에 대한 영험담을 들어보자.

　미국으로 이민 가 살고 있던 고재유씨가 1998년의 여름 나를 찾아왔다. 그날은 일요일이었던 걸로 기억되는데 공기에 민감한 나는 부산의 포교원을 잠시 나와서 더위도 식힐 겸 나의 토굴이 있는 언양의 심불산으로 향했다. 불쑥 산이 그리워질 때 나는 그 곳의 계곡으로 가서 맑은 공기를 접하며 산책을 하곤 했다. 그 날도 산길을 걸으며 땀에 흠뻑 젖은 나는 그만 산책을 멈추고 돌아왔다. 몸이 피곤하여 잠시 소파에 앉아 쉬고 있는데 밖에서 스님 계십니까라고 누군가가 나를 부르는 소리가 들렸다. 밖으로 나가보니 오십 대 중반쯤으로 보이는 남자가 땀에 흠뻑 젖은 채로 손에는 백팔 염주를 들고 서 있었다. 서로 합장을 하며 시선이 마주치는 순간 그에게서 그지없이 선한 미소가 전해져 왔다.

"어떻게 여기까지 찾아오셨습니까?"

"스님께서 다정 스님이 맞으시군요. 저는 한 달 전쯤 미국 뉴저지에서 스님께 전화를 드렸던 사람입니다."

"아, 그러시군요. 그런데 어떻게 이 산 속에 이름도 없는 토굴을 찾아오실 수 있었습니까?"

"스님이 계신 포교원에 전화를 하여 물어 이렇게 찾아올 수 있었습니다."

"산길을 족히 한 시간은 걸어 오셨겠군요."

"네, 스님. 관세음보살의 은덕으로 이렇게 스님을 만나게 되는군요."

"대단히 어려운 걸음 하셨습니다. 들어가시지요."

나는 그를 안으로 안내하였다. 찻잔을 가운데 두고 담소를 나누는 중에 그는 미국에서의 생활에 대해 내게 털어놓았다.

"저는 칠십 년대 후반까지 서울에서 중학교에서 교편을

잡고 있던 선생이었습니다. 생존해 계시던 부모님이 두 분다 돌아가시고 미국에 있는 처남이 아이들 교육과 미래를 생각해서 미국으로 이민 오는 게 어떻겠느냐고 권유하여생각 끝에 이민을 가기로 마음먹게 되었습니다. 미국에서오랫동안 건축가로 일하고 있는 처남이 나름 대로 기반이잡혀 있었으므로 나 역시 적응만 빨리 해 나갈 수 있다면큰 어려움은 없겠지 생각했고, 또한 처가 쪽 가족들이 많아외롭지는 않을 거라는 생각에 마음이 놓였습니다. 하지만막상 가서 생활해 보니 영어에 익숙치 못한 것부터 시작해서 정말이지 암담한 현실이더군요."

"거기서 무슨 일을 하셨습니까?"

"처남이야 건축가이지만 저는 막일을 할 수밖에 없더군요. 처음 몇 년 간은 페인트공으로 일했습니다. 집사람은빌딩의 청소부를 하며 눈코 뜰 새 없이 바쁘게 살아야 했습니다. 처음엔 정말이지 고국이 너무나 그리워서 불쑥 불쑥돌아오고픈 마음이 간절했지만 세월이 흐르고 아이들이 커가면서 미국 생활에 점차 적응되어 가기 시작하더군요. 조금씩 여유가 생기며 종교에 마음을 두고자 하는 생각이 자리 잡았고, 어릴 적부터 불교를 믿는 집안에서 자랐기에 미국에 있는 한국 절을 찾게 되었습니다. 절에 나가고 난 다음부터 스님들을 통해 불법을 전해들었고, 부처님 경전을읽어가면서 마음을 공부하는 종교구나라고 느끼며 진리를배워 가는 것이라는 생각에 항상 감사하는 마음을 가지게되었습니다. 처음에 기도하기 시작했을 때는 아침 일찍 일어나 청결히 목욕하고 촛불과 향을 피우고 기도하였지만 지금은 때와 장소를 가리지 않고 열심히 기도하고 있습니다."

"아, 그러시군요. 기도에 꼭 때와 장소가 필요한 것은 아닙니다. 기도를 오래하시다 보니 아마도 그것을 깨우치게 되셨을 테지요. 무엇이든 첫 발을 내딛는 것이 중요합니다. 나무관세음보살의 의미를 알고 계실 테지요. 나무는 귀의한다는 뜻이요, 관은 마음에 가지고 있는 것을 관한다는 뜻이며 세는 인간 세자에 음은 소리 음자로 쓰입니다. 보살이란 불법을 깨우친 사람을 칭송하여 이르는 말이지요. 그러므로 귀의하고 관하며 인간이 소리 내어 뜻을 이루는 것이라 풀이 할 수 있겠지요. 아름다운 보살상이 형상만을 가리키는 게 아니라는 말씀이지요. 제가 이런 말씀을 드리는 것은 형상에 치우치지 않고 기도하시는 처사님이 갸륵하단 생각에 이런 말씀을 드리는 것입니다."

"제가 이십 년 가까이 기도를 하고 있어 그런지 마음이 외롭지 않음을 느끼고 두 아이들도 낯선 땅에서 별 탈없이 자라 지금 큰아이는 하버드에서 법학을 공부하고 있고 둘째 아이는 MIT에 다니며 학업에 열중하고 있습니다. 이 모두를 관세음보살의 은덕으로 여기며 하루하루를 살아가고 있습니다. 그러나 이런 저에게 지금 한 가지 괴로움이 있습니다.

"무슨 일로 그러시는지요?"

"저희 집사람을 한번 살펴봐 주십시오."

부인의 신상을 묻고 기를 모아 보니 어렸을 때 죽은 여자 형제가 몸에 접신되어 있었다.

"처사님, 부인이 어린아이의 행동을 하시나요?"

"네, 그렇습니다. 그러다가 급기야 집을 나가 버렸습니다. 스님."

"허허, 큰일이군요. 아이의 영혼이 접신되어 있으니 어린아이의 마음과 행동을 하게 되어 집을 찾아오기가 힘이 들 것입니다. 이런 일이 심심찮게 있었겠군요."

"그렇습니다. 이번이 세 번째인데 그래도 그전에는 몇 일이 지나면 집으로 돌아오곤 했는데 이번엔 한 달이 다 되도록 소식이 없습니다. 지금 생각해 보면 세월이 흐를수록 점점 아이처럼 말하고 행동해가고 있었던 것 같습니다. 좀 이상해진 것은 알고 있었지만 여기 와서 스님의 말씀을 듣고 보니 그 말이 맞는 것 같군요. 스님, 천도를 하면 괜찮아질까요?"

"일단 천도재를 하시고 미국에 돌아가셔서 삼십 삼일 동안 지장기도를 드리십시오. 지장보살은 영혼을 인도하는 분이십니다. 저도 처사님의 집안을 위하며 영혼을 위하는 기도를 삼십 삼일 간 드리겠습니다."

그렇게 천도재를 치르고 그는 미국으로 돌아가 지극 정성으로 지장 보살을 찾으며 기도했고, 기도가 끝나고 얼마 후 경찰서에서 연락이 와 그의 부인을 찾을 수 있었다. 그리고 지금은 부인도 예전보다 한결 정신이 맑아져 간다 했다. 여자들이 기도에 정성을 다하는 모습은 흔한 일이지만 남자로서 지극한 마음으로 기도하는 그를 보며 나는 흐뭇함을 느꼈으며, 관세음보살의 위신력에 머리가 숙연해졌다.

화엄성종

옷깃만 스쳐도 인연이라 했고 인연이 있으면 만난다 했
다.

지나가는 가객이 목이 말라 물 한 그릇 얻어 마시고 사라
진다 하더라도 그것은 인연이다. 사소한 만남이라도 이왕
이면 좋은 인상을 심어주는 것이 바람직하다.

칠십 년대, 당시 내가 만행을 할 때였다. 서울 삼성동의
봉은사에서 하루를 보낸 후 나와 주머니를 털어 보니 노자
가 한 푼도 없는 것이었다. 다시 들어가 도움을 청하자니
차마 입이 안 떨어져 그저 시선만 떨군 채 걸어갔다. 작은
목탁이나 요령이 있어 탁발을 할 처지도 못 되고 난감하기
그지없었다. 고민하며 길을 걷다가 다리도 아프고 해서 쉬
어갈 겸 어느 가게 앞 평상에 잠시 앉았다. 한참을 앉아 있
다가 목이 말라 물 한 잔을 얻어 마시러 2층으로 올라갔다.

"계십니까!"라고 부르니 건장한 남자의 모습이 나타났
다. 그는 내게 합장을 하며 "여보 스님이 오셨소." 하며 부

인을 불렀다. 부인도 나를 보더니 반갑게 맞으며 안으로 안내했다.

"스님, 저희 집안도 불자 집안입니다. 어머님께서는 아주 독실한 신자 이신데 지금은 연세가 많으셔서 자주는 절에 나가시지 못한답니다. 어머님께서 극진히 불공을 드리신 덕분에 저희들도 이렇게 편안하게 잘 살고 있습니다. 가끔 저와 아내도 어머님을 따라 절에 가곤 하지요."

"세상살이가 번뇌의 연속이니 가끔은 산사에 올라가 자신을 한번쯤 돌아보는 것도 좋지요. 마음에 쌓였던 번뇌를 흐르는 냇물에 띄워 보내고 오는 거죠. 종교는 참다운 마음의 안식처입니다. 앞으로는 자주 절을 찾으셔서 부처님의 가르침과 지혜를 얻어 가십시오."

몇 마디의 담소를 나누고 물 한 잔을 얻어 마시고 일어서려는 순간, 그가 하얀 봉투를 내밀며 말했다.

"스님, 책이라도 사서 보십시오."

그렇지 않아도 노자가 떨어져 걱정이었는데 이들의 따뜻한 배려가 고맙기 그지없었다. 나는 진심으로 고맙다는 인사를 남기고 그 집을 나왔다. 차를 타기 위해 버스 정류장으로 향하는 발걸음은 한결 가벼워져 있었고, 언젠가 다시 만날 인연을 기대하며 나는 길을 재촉하여 부산으로 떠났다.

그 후 오랜 세월이 흐르고 하루는 절에서 나와 조금 먼 거리까지 볼일을 보러 가는 길이었다. 버스에서 내려 정류장 부근을 내려가고 있는데 내 앞에서 어디선가 본 듯한 사람이 걸어오고 있었다. 서로 눈이 마주치는 순간 무심히 지

나치기엔 무언가 아쉬운 듯 발걸음이 떨어지지 않았다. 나
는 가까이 다가가 먼저 말문을 열었다.

"어디선가 뵌 적이 있었는지요. 무척 낯이 익습니다."

"스님, 저 또한 그렇습니다."

그와 이야기를 하는 동안 그의 부인이 한참 동안 유심히
내 모습을 살피더니,

"아, 어디서 뵈었는지 알겠습니다. 저희가 서울에 살 때
스님이 저희 집을 찾으신 일이 있습니다."

"아, 맞습니다. 제가 물을 한 잔 얻어 마시러 댁에 들어간
일이 있었죠. 아니, 이런 곳에서 만나게 되다니 정말 놀랍
습니다."

"이럴 게 아니라 저희 집이 이 근처이니 들어가서 차나
한 잔 들고 가십시오."

집으로 자리를 옮겨 그 때의 고마웠던 얘기를 하다 내가
물었다.

"그런데 어떻게 서울에 계시다 이 먼 곳까지 오시게 되었
습니까?

"저희들은 원래 고향이 이 곳입니다. 서울에서 나름대로
사업이 괜찮았는데 한 사람의 실수로 이렇게 고향으로 내
려오게 되었습니다."

"무슨 사연이신지요?"

"스님이 저희 집에 다녀 가시고 한 5년쯤 뒤의 일일 겁니
다. 서울에서 알게 된 친구가 한 명 있는데, 처음 서울에 올
라와 섬유회사에서 같이 일하던 친구입니다. 칠십 년대에
는 스웨터를 짜는 큰 회사들이 많아서 그 곳에서 부지런히

만 일하면 돈을 모을 수 있었습니다. 그 친구와 저는 남달리 꼼꼼한 편이었고 우리는 성실히 일해 제법 많은 돈을 모았습니다. 그리고 열심히 모은 돈으로 하청 회사를 하나 열고 큰 회사에 납품도 하게 되었습니다. 그 땐 운이 좋았던지 직원들도 우리를 잘 따라 주었고 5,6년 동안에 많은 돈을 벌었습니다. 그 때 한창 부동산이 바람을 일으킬 때였는데, 저도 그때 땅을 사고 팔아 제법 이익을 보았습니다. 그런데 이게 웬일인지 회사에 우환이 생긴 것입니다. 회사에 불이 나 공장 전체가 삽시간에 불에 타버렸습니다. 마른 하늘에 날벼락이라고 그게 저를 두고 하는 소리이더군요. 수년 동안 이루어 놓은 것이 하루 아침에 날아가 버리는 것을 보고 있으니 그 친구와 저는 어안이 벙벙한 채 넋을 잃고 말았습니다.

그 후 회사의 타버린 물건이며 기계 등을 복구한 후 저는 미련 없이 회사에서 손을 떼고 그 친구가 회사를 맡았습니다. 그나마 저는 부동산으로 백 평쯤 되는 땅을 갖게 되었고요. 그러면서 세월이 흐를수록 고향이 그리워지더군요. 문득 고향에 가서 살아야겠다는 생각에 서울 생활을 청산하고 여기 이 곳으로 내려오게 된 것입니다.

"그러셨군요."

"스님, 그런데 최근에 또 한가지 문제가 생겼습니다."

"무엇이 문제이십니까?"

"지금 살고 있는 이 건물을 짓고 얼마 되지 않아, 어떻게 수소문을 했는지 그 때 함께 일하던 친구가 저를 찾아 왔습니다. 수 년 동안 소식도 없이 지내온 터라 좀 의아했지요.

그 동안의 회사 운영에 관한 얘기들을 꺼내며 지금은 섬유 회사를 패션 쪽으로 돌려 사업을 추진하고 있다고 했습니다. 그런데 자금도 딸리고 도저히 혼자 힘으로는 무리가 있다며 다시 함께 해 보지 않겠느냐고 저를 설득하더군요. 며칠 저희 집에 머물며 저를 이해시키려 애쓰는 것 같았지만 마음이 내키질 않았습니다. 오랜 세월 함께 해 온 터라 그 친구의 됨됨이를 잘 알고 있었기에 사업에는 관여하지 않기로 하고 저는 돈을 꾸어 주겠다고 했습니다. 그런데 그렇게 해서 사업이 잘 됐으면 아무 문제가 없었으련만 친구의 회사가 결국 부도 직전까지 가게 된 것입니다. 회사가 망하면 친구도 소생할 수 없고 난감한 지경에 빠진 저는 건물을 잡혀서 겨우 부도를 막았고, 아무 것도 모른 채 회사를 떠맡게 되었습니다."

"그런 일이 있으셨군요. 그럼 친구 분은 지금 어떻게 하고 계십니까?"

"제가 그 쪽 경영에 대해 아무 것도 모르니 제 옆에서 조언을 해 주고 있습니다. 스님, 지금 매우 어려운 처지에 놓여 있는 저를 위해서 부처님께 기도해 주십시오."

그는 나에게 부탁했다. 처사의 악의 없는 얼굴이나 보살의 선한 인상을 대하고 있으니 그들은 꼭 복을 부를 수 있을 것이라는 느낌이 왔다.

사람이란 걱정이 있어도 여유를 잃지 않는 모습을 보여줄 때 복이 비켜가지 않는 법이다. 남에게 선업만 지었으니 그 업은 반드시 되돌려 받게 되어 있으며 어떻게 복을 불러 올 수 있느냐 하는 것을 그들에게 가르쳐 주고 싶었다.

"두 분 모두 제가 말하는 것을 듣고 실천해 보시겠습니까? 제 말을 듣고 백일 동안 실천하신다면 두 분이 여태껏 쌓아왔던 덕이 비켜가지 않고 복으로 돌아올 것입니다. 제가 도움을 드릴 수 있는 것은 기도해 드리는 일 밖에 없는 듯 합니다."

"스님, 무슨 말씀이든 시키는데로 하겠습니다."

"좋습니다. 그럼 이른 새벽에 일어나 몸과 마음을 청결히 하시고 자그마한 상을 준비하여 촛대 한 쌍에 불을 밝히고, 정한수 한 그릇을 상위에 올린 다음 향로에 향을 피워 그 앞에 합장을 한 채 다음의 것을 외우십시요.

'개경계 무상심심 미묘법 백천만겁 난조우

아금문견 둑수지 원해여래 진실의

개법장진언 (옴아라남 아라다 3번)'

이렇게 진언을 외우시고 화엄 성종을 백 일간 한 시간씩 해 보십시오. 하실 수 있겠습니까?"

"예. 스님. 할 수 있습니다."

"무슨 일이 있어도 빠지는 일이 있으면 안됩니다. 저는 백일 간 절에서 축원을 드리겠습니다. 첫 입재날과 초하루나 보름은 저에게 찾아와 부처님께 공양을 올리고 가십시오."

"알겠습니다. 스님. 그런데 한 가지 여쭈어 보아도 되겠습니까?"

"예, 무엇인지요?"

"화엄 성종이란 뜻이 무엇인지요?"

"화엄성종이란 부처님을 옹호하는 호법선신들입니다. 법

당에 들어가면 좌측 편에 탱화가 보이는데, 그 탱화의 주인
공이지요. 칼을 들고 도량을 지키며 부처님을 모시고 있는
분입니다. 잘못된 행동을 하면 꿈에 나타나 불호령을 치기
도 하고, 참다운 일을 하고도 어려운 지경에 빠졌을 때 진
실한 마음으로 찾으면 반드시 도와주시는 신입니다."

"스님, 잘 알았습니다."

긴 시간 이야기를 나누고 내가 있는 절의 연락처를 가르
쳐 준 후 나는 그 집을 나왔다. 얼마 뒤 음력 초하루에 그들
은 나를 찾아왔고, 드디어 백일기도를 시작하게 되었다. 초
하루나 보름이 되면 그들은 어김없이 절을 찾았고, 그렇게
시간은 경과하여 백일기도를 마치던 날 회양을 하기 위해
나를 찾아왔다. 무사히 기도를 마친 때문인지 두 사람은 다
른 때보다 훨씬 표정이 밝아 보였다. 나는 회양 불공을 끝
내고 나서 그들에게 무슨 좋은 일이라도 있느냐고 물었다.

"스님, 기도를 끝내고 바로 꿈 이야기를 해도 괜찮을까요?"

"기도가 끝났으니 괜찮습니다. 얘기해 보시죠."

"백일의 마지막 밤이었던 어제 우리 부부가 꿈을 꾸었는
데, 어느 산길을 따라 오르는 꿈이었습니다. 몹시 가파른
길이어서 올라 가기가 무척 힘이 들었지요. 남편과 저는 잡
아 주고 밀어 주며 힘겹게 가파른 언덕을 올랐습니다. 언덕
에 올라 아래를 내려다 보니 보리밭에 파릇파릇 새싹이 돋
아나고 있더군요. 파란 싹을 보며 밭을 따라 한참을 가고
있는데 콩밭이 보이는 것입니다. 콩은 싹이 많이 자라 있었
는데 제가 콩을 따 보니 완전히 여물지가 않은 상태였습니
다. 계속해서 걸어가자 또 한 고개가 나오는 것입니다. 어

찌나 구불구불한지 우리는 땀을 비오듯 흘리며 재를 넘었습니다. 재를 넘어가니 오솔길이 나왔는데 그 곳에서 조금 내려가니 맑은 시냇물이 흐르고 있었습니다. 멀리 저 편을 바라보니 벼가 빛을 발하여 너울너울 금빛으로 춤을 추고 있었습니다. 가까이 가 보니 머리가 하얀 노인이 벼를 베다가 저를 부르더군요. 노인 앞으로 다가가 '좀 도와 드릴까요?' 라고 하자 노인이 하시는 말씀이 '나는 늙어서 이제 농사를 지을 힘이 없으니 이 논을 두 분이 맡아 지어주면 안 되겠소?' 라고 하는 것이었어요. 노인이 벤 벼를 지게에 한 짐 올려 놓고는 남편에게 '당신이 좀 지구려.' 라고 하기에 우리는 노인의 집을 향해 무거운 지게를 지고 내려오던 중 노인은 온데 간데 없고 우리는 어찌할 줄 몰라 지게를 가지고 저희 집까지 와 버렸답니다. 지게를 마당에 내려놓았는데 세상에, 그것이 갑자기 황금 덩어리로 변하지 않겠습니까? 그 순간 꿈에서 깨어났습니다. 꿈에서 깨어난 우리 두 사람은 서로 같은 꿈을 꾸었다는 걸 알게 되었습니다."

"아, 참으로 신기한 일이군요."

나는 두 사람의 꿈 이야기를 듣고 한참동안 꿈 해몽을 해 보았다.

"두 분이 언덕을 올랐다 하셨는데 지금 하고 계시는 사업이 가파른 언덕을 오르듯 험난하고 난관에 많이 부딪힌다는 뜻이며,. 험한 언덕을 오른 후 보이는 것이 파릇파릇한 보리의 새싹이라 하셨지요. 그것은 다음 해 늦은 가을부터 조금씩 사업이 나아진다는 의미인 듯 합니다. 보리는 늦은 가을에 새싹이 돋아나기 때문입니다. 두 번째로 아직 여물지 않은 콩밭을 보았다 하셨는데 콩은 여름에 익어 수확을 하지 않습니까? 당장은 사업이 성공하기 어려우나 한 해를 지나 콩 잎이 많이 자라 있듯이 시간이 조금 지난 후에 점차로 사업의 중심이 잡혀갈 것이라는 의미인 듯 합니다. 그리고 재를 넘어 발견한 맑은 물과 노랗게 익은 벼, 백발 노인…. 재를 넘는다는 것은 어려움이 따름을 뜻하므로 돈에 어려움이 생겨 사업을 포기하는 지경까지 이를 수도 있다는 뜻인 듯한데 이 고비를 잘 비켜 가면 맑은 물이 흐르는 것과 같이 회사가 안정권에 접어들게 된다는 의미인 듯 하고, 벼를 베는 노인의 모습은 신장님의 모습인 듯 합니다. 두 분의 지극 정성에 감탄하여 논과 벼를 주신 듯 합니다. 논은 부동산을 가리키는 것 같고 벼는 가을을 의미하는 것 같습니다. 가을이 되면 벼가 금 덩어리 변하듯이 모든 것이 안정을 찾아 재물이 들어온다는 의미인 듯 합니다. 꿈 해몽을 해 보니 앞으로 삼 년이 고비일 듯 합니다. 보리가 자라기까지 일 년의 시간이, 콩밭이 여물기까지 역시 일 년의 시간이, 논에서 벼를 베는데 일 년의 시간이 걸리듯이 삼 년의 세월이 흐른 뒤에 모든 것이 자리를 잡아갈 것이란 꿈입니다. 희망을 가지고 포기하지 마십시오."

"스님의 도움으로 기도란 것을 알게 되었고 진정으로 부처님께 신심이 우러나게 되었습니다. 저희를 위해 오랜 시간 축원해주셔서 정말 감사드립니다."

이렇게 인연이 되어 그들은 가끔 나와 안부를 물으며 지내고 있다. 그런데 정말 놀랍게도 그 뒤로 그 때 꾸었던 꿈이 똑같이 현실이 되어 가고 있다고 했다. 그들은 꿈의 마지막처럼 어려움을 딛고 날로 번성해 가는 회사와 더불어 많은 돈을 벌었다.

고생 끝에 낙이 온다는 말이 있다. 세상은 자신만을 생각하며 살아가는 사람들에게 복을 내리지 않는다. 서로 공존하며 어우러져 살아가는 것이 인간사이고 인간사에서 도움을 주고받는 일은 몹시도 중요한 것이다. 우리는 늘 올바른 언행으로 인간 관계에서도 귀감이 되도록 노력해야 할 것이다.

부부의 백일기도를 끝내는 모습을 보며 그만한 끈기와 정성이라면 반드시 일어설 수 있으리라 믿어 의심치 않았다. 나는 그들을 위해 드린 축원이 헛되지 않았음에 마음속으로 흐뭇함을 느꼈다.

산신기도

산신이란 불교가 들어오기 전부터 민간 신앙으로서 우리들 삶 속에 자리잡고 있었다. 불교가 들어오면서 비슷한 의미로 받아들여지게 되고 절에서도 음력 삼월 삼일 산신제를 모시고 있다.

산신이란 산의 주인이며 어느 산이든 산신들이 존재하고 있다. 만약에 산을 파헤치게 될 때 산신제를 무시한 채 땅을 파고 나무를 아무렇게나 자르고 한다면 재앙이 따르게 된다. 필히 산왕 대신에게 예를 차리고 난 뒤 시작하는 것이 좋다.

불교가 들어오기 전에는 과거를 보러 한양에 가는 선비나 장사가 되지 않아 걱정인 장사꾼들이 지방마다 있는 높은 산에 올라가 그 산 이름을 부르며 산왕대신에게 예를 올리며 기도를 드렸다.

산신기도는 꿈을 통해 영험을 가져다 준다. 그래서 사람들을 기쁘게도 하고 불안하게도 만든다. 무당이나 신이 내린 사람들이 산에 많이 오르는 것은 자신에게 흐르고 있는 영이 흐려질 수 있기에 산의 정기를 마시고 산신에게 예를 올림으로써 자신의 지친 기를 회복하려는데 있다. 산에서 오랜 기간 기도를 하게 되면 기와 영이 투명해져서 사람을 보면 어느 정도 상대를 읽어낼 수 있는 예지력 비슷한 것이 생기기도 한다.

내가 아는 한 사람의 예를 들어보도록 하자.

칠십 년대 초 나의 형님이 강원도 기린이란 곳에서 직업 군인으로 계셨다. 형님 역시 불자로서 가끔 나에게 연락하여 부대에 다녀가지 않겠느냐고 청했다. 어느 날 잠시 다녀가라는 형님의 연락을 받고 나는 강원도 인제에서 내려 기린 가는 버스를 타고 그곳으로 향했다. 그 곳은 3군단이 있어서 군인 사택이 아주 많았다. 형님 집에 당도하여 방으로 들어가니 사람들로 꽉 차 있었다. 형수님께 웬 사람들이 이리 많으냐고 물으니 스님인 동생을 보려고 기다리고 있는 중이라 했다. 무슨 얘기를 하였기에 사람들이 나를 보려 하느냐고 물었더니 내가 사람의 운명을 아주 기막히게 잘 알아 맞춘다고 얘기 했다 한다.

나는 당혹스런 기분이 들었다. 수행을 하는 승려를 무슨 점술가쯤으로 생각하고 있는 듯 했다. 하지만 나를 만나기 위해 일부러 모여 있는 사람들을 그냥 돌려보내기 미안하여 마음속이 복잡해져 왔다. 승려 생활 한 지 불과 이삼년 남짓 지났을 때인데 내가 무엇을 얼마나 알았겠는가. 하지만 많은 사람들이 모여 있는 데다 형님의 체면도 있고 하여 충실하게 군 생활을 열심히 하면 진급이 될 거라는 등 그냥 좋은 의미의 몇 마디를 던지면서 거기 있는 분들의 사주를 봐 드리는 셈이 되어 버렸다.

형님 집에서 하룻밤을 지내고, 나는 다음 날 다른 곳으로 발걸음을 옮겼다. 기린 시내로 내려가고 있는데, 몹시 추운 겨울에 어린 여자 아이 하나가 길가에서 서럽게 울고 있는 것이다. 나이는 고작 서너 살밖에 안되어 보였다. 아이는 춥지도 않은지 상의는 런닝셔츠 하나에 하의는 팬티만 달랑 걸치고 있었다. 가까이 다가가 집이 어디냐고 묻자 손가락질을 하며 자기 집을 가리켰다. 나는 우선 승복 윗도리를 벗어 아이의 몸을 감싸안으며 아이의 집으로 향했다.

"여보세요? 계십니까?"라고 부르니 육십쯤 돼 보이는 노인이 문을 열고 나왔다.

"아이가 추운데서 떨며 울고 있기에 이렇게 데리고 왔습니다."

"잠시 방으로 들어오시지요."

방으로 들어가 자리에 앉으니 노인은 내게 속사정을 털어놓는다.

"스님, 저는 평생을 산삼을 캐며 살아온 심마니입니다. 슬하에 아들 둘에 딸 하나 두고 있지요. 모두 서울에서 살고 있답니다. 아들 둘은 남들 사는 만큼 살고 있지만 딸은 얼마 전 남편을 교통사고로 잃고 지금 혼자 되었답니다. 먹고 살기가 힘들어지자 저 아이를 이 곳에 남겨두고 갔지요. 저의 집사람도 잠시 아들집에 다녀온다며 서울에 가 있는 터라 내가 저 손녀를 돌보고 있는데 깜빡 잠이 든 사이 밖으로 나갔나 봅니다. 어린것이 엄마와 떨어져 지내는 게 보기 안쓰러워 몸이나 건강하라고 작은 산삼 한 뿌리를 먹였더니 겨울에도 몸이 뜨거운지 옷을 입혀 놓으면 홀랑 벗어버립니다. 산삼이 좋긴 좋은 모양입니다. 이 추운 겨울에 옷을 벗고 있는데도 감기 한번 걸리지 않으니 말입니다."

"처사님께서 손녀를 위해 참으로 좋은 일을 하셨군요. 저 아이는 평생 건강에는 별 문제가 없을 것 같습니다."

"심마니들은 산삼은 매우 귀하게 생각하여 웬만하면 가족에게도 잘 먹이지 못하지요. 산삼을 먹은 아이들은 제가 보아도 오래 건강한 것 같아요. 젊어서부터 심마니로 살아왔지만 커다란 산삼 뿌리는 한번도 캐 본 적이 없습니다. 어렵게 자식들을 키우며 변변히 해 준 것도 없어 늘 부모 된 마음에 가슴이 아픕니다."

노인의 이야기를 듣고 있는 내 마음은 그저 안타까울 뿐, 뭐라 할 말이 생각나질 않았다. 그저 듣고만 있다가 문득 떠오른 생각이 있어서 물었다.

"삼을 캐는 분들은 산신께 기도를 드리지 않습니까?"

"저희 심마니들은 항상 목욕 재계하고 산신께 간단히 참배하고 산에 오른답니다. 그것은 옛부터 내려오는 풍습이기도 하지요."

"처사님, 참배는 누구나 다 하는 것이니 서울에 가신 보살님께서 내려오시면 음식을 준비하여 산에 올라가 칠일 간만 산왕대신께 기도를 올리십시오. 정성껏 기도하시면 좋은 일이 있을 것입니다."

"스님, 진심 어린 말씀 고맙습니다."

노인은 나를 배웅해 주며 아쉬운 듯 오래도록 손을 흔들었다. 그리고 삼 년이 지나 다시 형님 댁에 갔다가 노인의 집에 잠시 들르게 되었다. 노인은 나를 알아보고 반갑게 맞아 주었다. 노인은 내가 가르쳐 준 대로 산에 올라가 칠일 간을 열심히 기도했더니 기도의 효험 때문인 듯 커다란 산삼을 캤다며 기뻐했다. 그 후에도 입버릇처럼 산왕 대신을 찾으며 기도한 덕분인지 딸도 좋은 자리에 재가를 하였다고 했다. 그러고 보니 그 때 추위 속에 서 있던 손녀가 보이질 않았다.

산신은 기도를 통해 우리에게 도움을 주기도 하지만 금방 화를 부르기도 한다. 기도 후에는 언제나 깨끗한 뒷정리를 잊지 말자. 경건한 마음으로 기도하고 난 뒤 산을 어지럽힌 채 사라진다면 앞의 기도가 무슨 소용이 있겠는가. 자연은 우리 모두의 것이라는 것을 명심하여 비록 자신이 버린 쓰레기가 아닐 지라도 선뜻 주워 담을 수 있는 아름다운 마음을 키워나가야 하겠다.

지장기도

천상에서 지옥까지 중생들을 교화시키는 분이 지장보살이시며 구천에 떠 있는 영혼을 저승으로 구제하는 보살이 지장보살이다. 신내림을 느껴 온몸이 아파 오거나 원인모를 병으로 고통을 당할 때 지장보살의 명호를 찾으면 고통에서 벗어날 수 있는 길을 가르쳐 주기도 한다. 오랫동안 지장기도를 하게 되면 꿈을 통해 본인에게 접신되어 있는 영혼을 발견하게 되는 경우도 있으며, 그 영혼이 기도의 힘으로 자연히 천도되기도 한다.

1999년 봄에 있었던 일이다. 제주도에서 부상열이란 처사가 부인과 함께 나를 찾아왔다. 깡마른 몸에 검게 그을린 얼굴, 심신이 매우 지쳐 보이는 모습이었다. 어떻게 오셨냐고 묻자 한숨부터 내쉬는 것이 예사롭지 않다는 생각이 들었다.

"스님, 세상에 저같이 이상한 영혼이 접신되어 있는 사람도 있을까 싶습니다. 제 나이 서른 다섯인데 15년 간 영혼

에게 고통당하며 살아 왔습니다. 지금 이 순간에도 제 몸에
붙어 있는 영혼이 무슨 이유에선지 저에게 마구 욕을 합니
다."

"어떤 욕을 합니까?"

"차마 입에 담기조차 힘든 욕설을 퍼붓습니다. 도대체 이
영혼의 정체가 무엇입니까?"

그에게 기를 모아 보니 그의 몸에는 자신의 백부와 숙부
가 접신되어 있었다.

"처사님의 백부와 숙부이십니다."

"다른 곳에선 잡신이 붙었다고 하더군요. 저 또한 잡신이
붙었기 때문에 이렇게 망발을 퍼붓는다고 생각했습니다.
그런데 저의 백부와 숙부였다니 너무나 놀랍습니다. 백부
와 숙부가 왜 조카인 저에게 이다지도 몹쓸 말들을 하는 것
입니까?"

"처사님, 영혼의 세계에서 잡신이 붙어 있을 확률은 희박
합니다. 무슨 연고로 자신의 인척도 아닌 사람의 몸에 붙어
있겠습니까? 원한이 깊숙이 맺힌 관계였다면 인척이 아니
라 하더라도 몸에 접신될 수 있습니다만 아무런 이유 없이
잡귀가 붙는다는 건 드문 일이지요. 돌아가신 백부와 숙부
가 계시지요?"

"그렇습니다. 6·25때 참전하셨다가 두 분 다 전사하셨
죠."

그런데 그들은 왜 조카에게 접신되어 욕을 하는가. 내 생
각으로는 아마 조카인 이 사람이 너무 오랜 세월 영혼 때문
에 고통당하다 보니 짜증스럽고 화가 난 나머지 자신에게

접신된 영혼이 분명 잡신인 줄만 알고 포악한 말과 욕을 일삼지 않았나 하는 생각이 들었다. 그에게 물어보니 역시나 그렇다 했다.

"처사님, 이제는 그러지 마십시오. 백부와 숙부는 왕성한 청년 시절에 전쟁터에 나가 싸우다 전사한 가련한 분들이십니다. 전쟁터에 나가 전사하셨다면 분명 총살을 당했을 터이고 그 찢기는 아픔은 참기 힘든 것이었을 테지요. 살아 있는 자는 육신의 고통을 어디에서든 호소할 수 있겠지만 죽은 자는 어디에다 그 깊은 한과 이승에 대한 애착을 털어 놓을 수 있겠습니까? 그들의 가슴은 이승에 남겨진 한으로 끓고 있을 것입니다. 그런 망자에게 무심결에 욕하곤 했으니 망자와 처사님이 감정 싸움을 하게 된 것입니다."

한참 듣고 있던 그는 이해가 간다는 듯 머리를 끄덕여 보였다.

"이런 얘기는 여기 와서 처음 듣습니다. 그 동안에 각지에 유명하다는 절이니 점집이니 다 돌아다녀 보고 천도도 해 보았지만 아무런 소용이 없었습니다. 그래서 이제 모든 것을 포기하고 체념해 버린 상태였습니다. 그러던 중 하루는 마음을 다스리려 관음사란 절에 가서 친분 있는 스님께 속사정을 털어 놓으니 제게 기도를 권유하시더군요. 지장보살께 21일 간 열심히 기도를 해 보라고 하셨습니다. 정성이 지극하면 하늘도 무심하지 않을 거라며 제게 흐트러진 마음을 바로잡아 기도에 매진하라고 이르시더군요. 저는 그 스님의 말대로 해이해진 정신을 다잡아 기도에 몰두하였습니다. 그리고 기도를 끝마칠 수 있었습니다. 기도를 끝냈 얼마 후 가끔 들르는 서점에 갔더니 제일 먼저 스님이 쓰신 책이 눈에 들어오더군요. 그 책을 읽고 혹시 마지막 인연이 되지 않을까 생각하며 찾아왔습니다."

"그 동안 처사께서 천도재나 굿 등을 많이 했는데 아무 소용이 없었다고 하셨는데 망자들의 애착과 한이 두터워서 저승에 빨리 들지 못하고 있는 것이지 처사님께 고마움을 느끼고 있을 것입니다. 만약에 망자가 처사님에게 한을 품고 있었다면 처사님은 벌써 이 세상 사람이 아닐지도 모르는 일입니다. 자주 시식과 굿을 해 주셨기에 처사님을 함부로 할 수 없는 것입니다."

"스님 말씀을 듣고 보니 그 뜻이 마음에 와 닿는 것 같습니다."

"제가 영혼의 실체를 보지 못했다면 이런 얘기를 어떻게 할 수 있겠습니까? 꾸며서 한다 해도 한계가 있지 않겠습니까? 체험을 통해 처사님께 이렇게 설명해 드릴 수 있는 것입니다."

마음의 문을 열고 이야기를 하니 진심이 쉽게 전달될 수 있었다.

"스님, 이렇게 먼길을 왔으니 하루를 묵고 천도를 하고 가겠습니다."

"그렇게 하십시오."

다음 날 천도재를 끝내고 처사의 얼굴을 바라보는데 뭔가 마땅찮은 표정을 하고 있었다.

"처사님, 무슨 불쾌한 일이라도 있습니까?"

"저는 여기에서 천도재를 하면 곧바로 영혼이 떠날 줄 알았는데 상태가 달라진 느낌이 들지 않습니다."

"처사님, 깊은 산에 올라가 함성을 지르면 메아리가 되어 퍼져 나가듯 15년 동안이나 영혼과 함께 해 왔는데 그 흔적이 그렇게 빨리 사그러들겠습니까? 물론 영혼은 떠났습니다. 그 흔적도 차차 사라져 갈 것입니다."

내 말을 이해했다는 듯 그는 내게 진심으로 고맙단 인사를 하고 제주도로 떠났다.

보름이 지나고 그에게 전화가 왔다.

"스님, 그동안 별고 없으셨는지요?"

"네, 아주 잘 지내고 있습니다."

"천도하고 난 후 사람들이 저를 보며 얼굴이 아주 좋아졌다 합니다. 몸무게도 많이 늘었습니다. 그런데 아직까지도 귀에서 소리가 나는 것은 여전합니다. 천도재를 한 번 더 하면 괜찮아질까요?"

"처사님, 저번에 말씀을 드렸는데 아직 이해를 못하고 계시는군요. 천도재를 한 번 더 한다고 나아지는 것이 아닙니다. 영혼은 이미 천도가 되었으니 더 이상의 천도재는 필요치 않습니다."

내 말에 섭섭함을 느꼈는지 어색하게 전화를 끊었다. 안타까운 마음에 다시 한번 차분히 이해를 시키려고 그에게 전화를 걸었다. 그의 부인이 전화를 받았다.

"저는 다정 스님이라 합니다. 부상열씨 계십니까?"

그의 부인도 나를 기억하는 듯 반갑게 전화를 받는다.

"저희 남편이 많이 건강해졌습니다. 스님께 매우 감사드려요. 그런데 무슨 일로 남편을 찾으시는지요?"

"다름이 아니라 부상열씨가 천도를 한 번 더 하고 싶다고 전화가 왔는데 제가 극구 반대를 했습니다. "

"잘 하셨습니다. 스님. 몸이 점점 좋아지고 있는데도 믿지를 못하고 얼마 전에는 안산에 유명한 곳이 있다는 소문을 듣고 또 찾아간 모양입니다."

"부인이 잘 이해를 시키십시오."

"스님, 완쾌되려면 얼마나 걸릴까요?"

"오랜 세월 아파하셨으니 일년 반 정도는 걸릴 겁니다. 너무 조급해 마시고 여유를 가지고 지켜보십시오."

"어디 제 얘기를 들어야 말이지요. 저도 아주 답답합니다."

나는 그의 부인에게 남편을 잘 설득하시라 당부하고 전화를 끊었다. 믿음을 갖지 못하고 조급함을 보이는 그가 안타까웠지만 몸이 아픈 사람의 절박한 마음이 이해가 가지 않는 것은 아니었다.

무소식이 희소식이라 했던가. 일 년이 지난 후에도 그에게서 아무런 소식이 없었다. 아마 거의 회복되어 활기차게 살아가고 있으리라. 부상열씨가 매달렸던 지장기도가 그에게 더욱 힘을 가져다주었으리라 나는 믿는다.

용왕기도

　용왕이란 옛부터 우리 나라 민간 신앙 안에 있는 바다 신 개념의 하나로 바닷가 등지에 살고 있는 사람들은 수심의 변화가 심해지거나 하면 용왕께 제사를 올렸다. 또한 용왕제나 풍어제를 지내기도 하였다. 그것은 어부의 만선을 기대하기 위함이요, 태풍 등의 돌발 사고를 예방하는 뜻이라 하겠다. 현대로 접어들면서 이러한 의식은 점차적으로 줄어들었지만 아직까지도 구석구석 계속 이어지고 있다.

　죽음이 바다에서 이루어졌을 때는 시신의 흔적도 건질 수 없는 경우가 생긴다. 어부가 바다에 나가 고기잡이로 살아간다는 건 목숨을 바다에다 담보로 잡히고 일을 하는 것이나 다름없다. 더러는 거친 비바람과 세파에 죽을 고비를 넘긴 일이 한 두 번이 아닐 것이다. 고기잡이로 살아간다는 건 위험천만한 일이지만 어린 시절부터 바다를 보며 자라 바다에서 살아가는 어부의 운명은 어쩌면 숙명인지도 모른다.

1986년 내가 부산 수정동 무량사에 있을 때다. 서늘한 가을밤이었을 것이다. 밖에서 인기척이 나 방문을 열어 보니 마당에 한 남자가 우두커니 서 있었다. 누구시냐고 물으니 내게 가까이 다가왔다.

"스님, 늦은 시간에 죄송합니다. 저는 영도에 사는 박진만인데 친구에게 스님에 관해 듣고 이렇게 찾아왔습니다. 밤이 늦어 그냥 집으로 돌아갈까 하던 중입니다."

얼굴을 보아 하니 괴로운 일이 있는 듯해 나는 방으로 들어올 것을 청했다. 마주앉아 찾아온 연유를 물었다.

"얼마전에 제 친구 내외가 이 곳을 다녀갔다 하더군요. 건강이 많이 좋지 않았던 친구였는데 이 곳에서 천도재를 지내고 와서는 아주 좋아졌습니다."

"아, 정말 다행이군요."

"스님, 저의 고향은 전남 고흥이고 저는 올해로 마흔 셋입니다. 저는 고향에 살았을 때 집사람과 함께 고대고리를 하며 고기를 잡아 살아가던 어부였습니다."

"고대고리가 무엇인지요?"

"고대고리란 한 가지 종류에 국한하지 않고 여러 가지 고기를 잡는 고기잡이를 말합니다. 제가 스물 여덟부터 서른 일곱까지 뱃사람 노릇을 했었는데 저희 집사람에게 너무 힘든 일인 것 같아 그만두었습니다. 배를 혼자 탈수도 없고 제 배에 누굴 태울 여건도 되지 못했죠. 오랜 동안을 어부 생활에 몸담아 온지라 특별한 기술도 없이 하루하루 살아가는 게 막막하더군요. 그 때 주위 분들의 조언으로 그 동안에 모아둔 돈과 어업조합에서 많은 돈을 대출 받아 가두리 양식장을 시작하게 되었습니다. 그렇게 어린 고기를 사들여 잘 키운 끝에 팔아도 될 단계에 이르렀지요. 그런데 어느 날 밤 제가 양식장을 비운 사이 합선으로 정전이 되어 양식장 전체에 불이 꺼지고, 기계가 멈추어 산소공급이 안 되어서 고기들이 죽어가고 있었습니다. 그 날 따라 양식장에는 인부 하나 없었고, 제가 양식장에 도착하였을 때는 이미 늦어버린 뒤라 고기들은 모조리 모두 죽어버리고 말았습니다.

한 푼도 건지지 못한 채 빚더미 속에 앉게 된 저는 망연자실하여 삼 년 가까이 술로 살아가다가 마누라와 자식들에게 못할 짓 하는 것 같아 도저히 이래서는 안 되겠다 싶어 부산에서 외항선을 타는 친구의 도움으로 다시 배를 타게 되었습니다. 그리하여 고향을 등지고 이 곳에 오게 된 것이죠.

지금 삼 년째 이곳에서 배를 타고 있습니다. 외항선을 타는 것으로 먹고 사는 문제는 해결이 되었지만 돈을 모으기란 여간 힘들지 않군요. 나이가 든 만큼 체력도 저하되어 일이 예전보다 많이 힘들게 느껴집니다. 스님, 사람이란 자신의 분수대로 살아가게 되어있는 게 이치인가 봅니다. 지금 와서 생각해 보면 제가 너무 무모하게 일을 벌였던 것 같습니다. 앞으로 제가 어떻게 살아야 좋을지 막막한 마음에 이렇게 스님을 찾아왔습니다.”

“처사님은 종교를 가지고 있습니까?”

“뚜렷하게 종교를 갖고 있진 않습니다. 어머니께서 살아 계실 때 절에 나가셨는데, 어머니 돌아 가신 뒤로 아내가 교회에 나가는 것 같더군요. 부산으로 와서는 아무 곳에도 나가질 않았습니다."

"그렇다면 다시 불교에 귀의하실 생각은 없는지요?"

"그렇지 않아도 어머니께서 절에 다니셨는데 저희 집사람이 종교를 바꾼 것 같아 마음이 편치 않았습니다."

"그럼 지금이라도 불교에 귀의하시는 걸로 마음을 정하고 내일부터 기도를 시작하십시요."

"기도라면 어떤 기도를 해야 하는지요?"

"항상 바다에서 일해 오셨고 앞으로도 그럴 것이기에 용왕께 기도를 드리는 게 옳겠군요. 첫 기도이니 기간은 21일로 하십시오. 특별히 바쁘지 않다면 내일부터 기도를 시작하세요."

"스님이 시키시는 대로 기도를 하겠습니다."

"내일 아침 9시까지 공양 올릴 쌀과 과일 몇 가지를 준비하여 오십시오."

"네, 알겠습니다."

다음 날 21일 간의 기도를 알리는 불공을 드리고 그에게 기도하는 법에 대해 설명해 주었다.

"오늘이 기도 입재일이니 21일 동안 기도를 마치고 다시 오십시오."

그는 집으로 돌아갔고, 기도가 끝나고 회양날 다시 찾아와 회양 불공을 드렸다. 그러기를 열흘, 그가 가파른 산길을 얼마나 빨리 올라 왔는지 가쁜 숨을 내쉬며 나를 찾아왔다.

"스님, 정말 고맙습니다."

"무슨 좋은 일이라도 생기셨습니까?"

"스님, 제 고향 친구가 오늘 연락을 해서 자신이 자본금은 투자할 테니 다시 가두리 양식업을 해 보자는 제의를 해 왔습니다."

"그럼 지금 거기서 가두리 양식을 하고 있다는 후배들은 어쩌시려고요?"

"금년 말로 기간이 끝납니다."

"정말 잘 된 일이군요."

"스님, 기도란 게 참으로 신통하단 생각이 들었습니다. 반듯한 생각으로 믿음을 가지고 기도하니 이렇게 좋은 인연을 닿게 해 주는 것 같습니다."

그는 자신의 기쁨을 나와 함께 나누고 싶어 찾아 왔노라며 진심으로 내게 고마워했다. 나는 기뻐하는 그에게 한 가지 당부를 잊지 않았다.

"시골에 가서도 매달 음력 초하루와 보름날 아침에는 가까운 절에 나가서 부처님께 참배를 드리고 가두리 양식장이나 바닷가에서 용왕께 간단한 공양을 올리십시오."

"네, 명심하겠습니다."

고향으로 내려가서 그는 가끔 전화를 걸어 나의 건강이나 안부를 묻는 일을 잊지 않았다. 어느덧 내 마음속에도 그가 소중한 친구처럼 자리잡았다.

몇 년 전, 친분이 있던 화엄사 주지 스님이신 종원 스님을 만나러 연기암에 갔을 때 전라도 땅이어서인지 고흥에 살고 있는 그가 생각났다. 고흥에 이르러 팔영산 능가사에 들렀다가 그에게 전화를 했더니 깜짝 놀라며 당장 나를 데

리러 왔다. 그의 가두리 양식장 앞에 도착하니 어디에서 염불소리가 흘러 나왔다.

"이 염불소리가 어디에서 나는 것이지요?"

"스님, 저희 가두리 양식장에서 나는 소리입니다. 양식장을 다시 시작하면서 하루도 빠짐없이 고기들에게 염불소리를 들려주고 있습니다. 그리고 스님께서 당부하신 대로 매달 초하루와 보름엔 절에 나가고 있습니다. 용왕께도 어김없이 바다에 나가 기도를 올리고 있고요. 이제는 생활에 여유도 생겨나고 마음이 매우 풍요로워 졌습니다. 앞으로도 믿음을 가지고 열심히 살아가겠습니다."

가두리 양식장을 둘러 본 후 나는 고기들의 윤회를 위한 금강경 한 편을 독송해 주며 아무런 사고 없이 번성하라는 기를 올려 주었다. 그리고 그에게 한 가지 부탁을 하였다. 어부든 양식업을 하는 사람이든 물고기로 인해 살아가는 것이니 일 년에 한번쯤은 직접 방생을 해 주기를 바란다는 얘기였다.

방생이란 놓아서 살려준다는 뜻이다. 고기를 길러서 파는 일을 직업으로 가지고 있는 이들이기에 일 년에 한번쯤은 고기들에게 고마움을 느끼며 놓아서 살려주는 의식이 필요하리라 생각한다.

약육강식에 의해 약한 것은 강한 것에게 잡아먹힌다. 하지만 강함과 약함은 윤회를 통해 돌고 도는 법이다. 한번쯤은 윤회라는 것에 대해 깊이 생각해 보아야 하지 않을까 한다.

위의 박진만씨를 보며 인간에겐 믿음과 그 믿음을 지킬

수 있는 한결같음이 있어야 한다는 생각을 하게 되었고 여
유를 찾은 그의 모습 속에서 삶의 아름다움을 느낄 수 있었
다.

마음 한번 바꿔 보자

사람들은 누구나 젊어서는 꿈을 쫓느라 바쁜 나날들을 보내고, 결혼을 하고 하나의 가정을 이루다 보면 사는데 쫓겨서 어느 한 곳에 마음 둘 겨를도 없이 살아간다. 가정이 조금씩 안정이 되어가고 인생에 연륜이 쌓여 가면 더러 마음 깊이 묻혀 있었던 참된 삶의 의미와 그에 따른 의문들이 꼬리를 물고 이어진다. 사람이 죽으면 어디로 갈까? 과연 천당과 극락은 존재하는 것일까? 그 동안 내가 어떻게 살았는지 자신의 지나온 일들을 돌이켜 반성하고 참회하는 의미에서 종교에 입문하기도 한다.

어느 종교가 되었든 종교는 마음이 의지할 곳을 가져다 준다. 종교에서 가르치고 있는 깨달음의 교리들을 마음에 담아 실천함으로써 선과 지혜를 터득하고 앞으로의 삶을 가치 있게 살아 갈 수 있도록 노력하게 되는 것이다.

옳지 못한 행동들로 재물을 많이 모아 산다 한들 그것이 얼마나 그 사람을 행복하게 해 줄 수 있을까? 평생을 떳떳

한 마음으로 살지 못하는 것만큼 큰 불행은 없을 것이다. 그러나 그렇게 살아왔던 사람들에게도 마음이 행복해질 시간은 충분히 남아 있다. 종교의 깊은 깨달음을 믿으며 그 뜻을 받들어 다른 이에게 행할 수 있다면 자신의 그늘졌던 지난날들은 차차 소멸될 것이며 불안했던 마음도 밝아질 것이다. 그렇게 선을 깨달은 뒤에는 좋은 말과 행위가 뒤따르게 되는 법이다. 바로 그런 믿음을 가르쳐 주는 것이 종교이다. 인간이 스스로 마음을 닦고 지혜를 깨우치며 산다면 종교가 무슨 소용이 있겠는가마는 삶의 의미를 어떻게 홀로 깨우칠 수 있겠는가? 그래서 교육이 필요하고 경험이 필요한 것이다.

문경에 사는 권인수라는 칠십 노인의 이야기다.

권노인은 내가 쓴 천도재란 책을 보고 난 후 나를 찾아왔다. 큰딸과 함께 온 권노인은 나를 보자 큰절부터 올리며 예를 표했다. 마음속으로 불심이 대단한 노인이구나 생각했다. 노인의 얼굴에는 선을 행하며 마음을 잘 닦으신 큰스님의 자비로운 모습이 담겨져 있어 저절로 머리가 숙연해졌다.

"어떻게 이 먼 길까지 오셨습니까?"

"스님의 책을 읽고 나서 조상들이 하늘로 솟구쳐 올라가는 꿈을 꾸었습니다. 꿈이 하도 신기해서 대구에 있는 제 딸과 이렇게 찾아왔습니다."

그러자 옆에 있는 딸이 말문을 열었다.

"스님, 아버지께서는 저희들이 처녀적부터 지금까지 아침이면 일어나셔서 항상 금강경을 독송하셨습니다. 어느 날 어머니와 함께 법회에 참석하시게 되었는데, 그 때 큰스님의 금강경 법문을 들으시고는 이 날까지 하루도 빠지지 않고 기도를 하신 답니다. 사실 아버지께선 젊은 시절 성격이 몹시 급하여 욕을 일삼고 자주 사람들과 충돌하시던 그런 분이셨지요. 그 때의 아버지는 쉽게 말을 붙이기 어려울 만큼 날카로운 인상을 풍기셨습니다. 하지만 스님도 보셔서 아시겠지만 기도를 시작하시면서 성품과 인상까지 달라지셨습니다. 저희 형제들까지도 이런 아버지의 모습을 보면서 기도하는 습관을 가지게 되었습니다."

"기도란 본래 끈기와 인내가 필요합니다. 사람이 살다보면 남과 더러 다투기도 하고 구설수에 휩싸이기도 합니다. 그래서 마음이 상하기도 하죠. 하지만 아버지께서는 꾸준히 기도하시는 습관을 지니게 되면서 참고 인욕하는 마음을 배우게 된 것입니다. 기도를 통해 경에서 얻은 깨달음을 믿으시고 참으며 이겨나간 것이지요. 그런 마음을 수십 년간 지켜 오셨으니 자연스럽게 마음을 비추는 얼굴까지도 자비로운 모습을 띠게 되신 것입니다. 이렇듯 마음의 반듯함을 잃지 않으면 겉모습까지도 마음을 따라가게 되는 법이지요."

이야기를 끝내고 잠시 노인의 얼굴을 바라보며 노인에게 기를 모아 보았으나, 노인에겐 그 어떤 영혼도 접신되어 있지 않았다.

금강경이란 살아 있는 사람이 내생을 위하여 닦는 경이며, 죽은 자를 위해 극락왕생을 바라는 경이기도 하다. 노인에게 영혼이 접신되어 있지 않은 것은 당연한 일일 것이다. 노인의 꿈에 나타나 하늘로 솟구쳐 오른 영혼들은 저승에서 한 단계 높고 좋은 곳으로 인도되어 가는 것이 아닐까 하는 생각이 들었다.

조상에게 머리 숙이는 마음으로 노인께서는 내게 천도재를 부탁하셨다. 그리고는 현생에 꼭 하고 싶었던 일을 했다며 흡족한 마음으로 절을 떠나셨다.

집안을 이끌어 가는 것은 그 집안의 부모이다. 부모가 어떤 마음 자세로 살아가느냐에 따라 자식들도 배워가게 되는 것이다. 그들을 보내고 난 뒤 문득 든 생각이 아버지가 마음 한번 바꾸니 극락이 따로 없구나 하는 것이었다.

조상을 생각하는 노인의 진심 어린 마음이 오래도록 내 가슴속에 남았다.

마음 길들이기

　내가 행자 생활을 벗어나 스승이신 혜덕 스님을 모실 때다.

　스님은 늘 무슨 말인가를 혼자 중얼거리고 계셨다. 아마 잠자는 시간을 제외하고는 그러시지 않았나 기억한다. 내가 모시고 있는 삼 년 동안 하루도 빠짐없이 혼자서 이야기를 하셨기에 나는 스님께서 경을 외우시는구나 생각했었다. 그러던 어느 날 밤에 잠을 청하려고 누웠는데 갑자기 물아! 하고 부르는 스님의 목소리가 들려오는 것이었다. 깜짝 놀란 나는 재빨리 밖으로 나와 물 한 그릇을 들고 스님의 방문 앞에 서서 말했다.

　"스님, 여기 물을 떠 가지고 왔습니다."

　스님께서는 방문을 벌컥 열면서 큰 소리로 말했다.

　"언제 내가 너에게 물을 떠 오라 했느냐?"

　그러면서 다시 방문을 닫으시는 것이었다. 나는 방으로 돌아와 스님께서 몸이 약해져서 헛소리를 하시는 게 아닐

까 하고 생각했다. 다음 날 아침, 나는 스님께 문안을 드리
며 말했다.

"스님, 몸이 허약해지셨나 봅니다. 약을 한 재 지어 오겠
습니다."

"내가 왜 몸이 약해졌단 말이냐?"

"어젯밤에 스님께서 큰 소리로 물을 찾으시기에 제가 물
을 떠다 드리니 언제 물 떠 오라 했냐 하셨던 걸 보면 기력
이 약해지시려고 그런 것 같습니다."

"다정아, 이리 가까이 다가와 앉아라."

"예, 스님"

"니가 듣기로는 그 말이 물이란 소리로 들리더냐? 너 역
시 누구와 똑같구나."

"그 말씀이 무슨 말씀이십니까?"

"이 놈아, 효봉 스님 제자도 그 소리를 듣고 너와 똑같이
물을 떠다가 바쳤단다."

내가 무안해 하자 스님은 입가에 미소를 지으시며 말씀
하셨다.

"나는 수십 년 동안 "무"라는 말을 외우며 살아왔다. 그
것은 마음을 비우기 위해서이며 마음 속 화두를 깨우치기
위해서이다. 너도 일생 동안 너의 마음 속 화두를 놓지 말
며, 그것을 되새기며 공부를 게을리 하여서는 안 된다. 마
음이란, 생각을 일으키고 행동을 일으키며 습관을 일으키
는 것이다. 마음은 육체의 주인으로서 육체를 지배하며 움
직이는 것이다. 마음이 좋은 생각을 하고 육체도 그에 따라
움직이면 선행이요, 마음이 나쁜 생각을 하고 육체도 그에

238

따라 움직이면 악행이 된다. 그리고 한 가지 중요한 것은
선과 악의 중간에는 무가 존재한다는 걸 명심하거라. 앞으
로 마음을 선행으로 다스려야 하며 그것을 잘 길들여야 한
다. 마음에서 좋지 못한 언행을 일으키려 할 때는 너를 채
찍질해야 하고 올바른 언행을 일으키려 할 때는 그 마음을
칭찬하고 아껴 주어라. 마음이 흐트러지려 할 때는 자신의
마음과 싸워 이겨야 한다. 그러면 세상은 다 내 것이니라.
마음을 깨끗이 비워 버려라. 알겠느냐?"
　"예, 명심하겠습니다."
　그 후, 나는 마음속에다 몇 가지를 깊이 심어 놓고 아침
마다 그것들을 되새겨 보았다.
　'성내지 말고 욕하지 말며 탐하지도 말며 미워하지도 말
자'
　이것을 지키며 살아 가자고 마음과 약속을 했다. 많은 세
월 살아 가면서 화나는 일이 있거나 욕하고 싶은 마음이 치
솟고, 거짓과 탐하고픈 마음, 미워하는 마음에 휩싸이게 될
때면 나는 마음을 질책하였으며 좋은 언행에는 칭찬하고
아껴주었다. 그런데 한가지 아직까지도 그 때 스님의 말씀
중에 기억에 박혀 있는 말이 있다. 스님은 선과 악의 가운
데에 무가 존재하고 있다고 말씀 하셨다. 그 때 나는 스님
의 말씀에 궁금증을 느꼈지만 마치 어린 제자에게 숙제를
내 주시는 것만 같아 차마 물어보지 못했다. 지금 생각해
보면 참으로 훌륭한 과제를 내게 주신 것만 같다.
　불교에서는 선업도 업이요, 악업도 업이라 했다. 선으로
깊어지는 것과 악으로 깊어지는 것에 마음이 깊이 매달리

면, 거기서 벗어나지 못하고 주저앉아 영원히 습이 되어 버릴까봐 스님께서는 무를 주장하신 것이라는 생각이 들었다. 쉽게 이야기하면 선업만이 도는 아니라는 것이며 그것마저도 마음으로 지워버리라는 것이고 어떠한 걸림도 없는 마음으로 돌아가라는 뜻이 아닌가 싶었다.

부처님께서는 내가 보는 세상은 모두 내 것이라 하셨다. 혜덕 스님 또한 탐하는 마음이 찾아오면 세상이 다 내 것이란 진리를 떠올리면 욕심을 버릴 수 있다 하셨다. 사람들이 내 것 네 것을 만들어 놓고 사는 것일 뿐 크게 세상을 보면 내 눈으로 보는 것은 다 내 것이란 뜻이다. 우리 사회를 돌아보면 여기 저기서 시기하고 질투하고 헐뜯고 욕하는 것을 어느 곳에서나 볼 수 있다. 맛있는 음식이 영원하지 않고 부귀와 영화가 영원하지 않듯, 어떤 쾌락이나 즐거움을 쫓기보다는 마음을 길들이는 것에 치중하며 살아가야 하지 않을까 생각해 본다.

그리고 내가 이 책을 쓰게 된 것도 중생들의 마음을 닦는 데 화두로 삼고 살아가라는 의미이기도 하다.